世界に通じる「実行力」の育てかた

はじめの一歩を踏み出そう

Every step forward is a step toward achieving something bigger

ユナイテッド・ワールド・カレッジISAKジャパン代表理事

小林りん

Lin Kobayashi

日本経済新聞出版

プロローグ

その「不安」の正体は？

効率的に正解にたどり着く時代は終わった

「今でも時おり、自分が進んできた道が正しいものであったのか迷うことがあります。周りからどう見られているのか気になり、自分と比べて落ち込んでしまうのです。そんな時に思い起こすようにしているのが、学校で毎日のように繰り返された“What is most important to you?”という問いです。この問いのおかげで、思い切ってアメリカの大学に進学し、地球科学を専攻することもできました。（二期生：佳蕗）」

「ブロックチェーンのスタートアップで学び、エジンバラ大学で開発したプログラミングを教えるカリキュラムを、母国フィリピンの恵まれない子どもたちに提供するのが夢です。卒業して3年が経った今でも、学校での学びは僕のなかに生きています。

（一期生：ディラン）」

私たちの学校では、現在80ヶ国以上から集まる200名の高校生が学んでいます。ここからは、自ら考えるだけでなく、行動を起こし、道を切り拓いていく若い人たちがたくさん巣立っています。ここで実践・実験している教育が、もしかしたらより幅広い年齢層のみなさんのヒントになるかもしれないと考え、本書の執筆に着手しました。

私は普段、主に高校生を対象に教育の仕事をしていますが、ここ数年、さまざまな年代の方々から子どもの教育方針や、ご自身のキャリア形成についてご相談を受けることが増えています。社会人向けの講演や研修をご依頼いただくこともあり、その中で「自分や子どもの将来にはどこか不安や疑問を抱えているが、何をしたらいいのか分からない」という方がとても多いことをひしひしと感じています。

世の中は今、大きく変化しています。技術の進化だけでなく、人類の寿命が延び、働き方や価値観も変わり、企業の終身雇用制度も崩壊して社会保障制度も大幅な改革が余儀なくされるであろう、先の見えない時代です。一生懸命に勉強して偏差値の高い大学に入り、大手企業に就職すれば安定した収入と生活が得られて、老後も安泰だというシナリオは成り立たなくなってきています。

かつてコンピューターといえば大型の汎用機だった時代に、個人のための「パーソナル・コンピューター」というまったく新しい概念を提唱し、現代を予測していたアラン・ケイは、「未来を予測する最善の方法は、それを発明してしまうことだ」と言いました。もし先が見えなくて不安なら、その未来は自分たちでつくっていくしかないのではないでしょうか。

まず、私たちは、「はじめの一歩」を踏み出す必要があると思います。単に変化に適応するだけではなく、周りの環境に自ら働きかけ、多くの人を巻き込みながら、自分が本当にやりたいと思う方向に向かって既存路線を変えていくチャレンジを始めること。そこには、想像以上に多くの困難が立ちはだかるかもしれません。しかし「自分が進むべき道はこれだ」と心から信じられる軸があれば、その苦労を苦労とも思わず、信じた道を進んでいけると私たちは考えています。

「はじめの一歩」はどのように踏み出すことができるのか

では、何から始め、どう動き出せばいいのか。私たちは今、この「実行力」を、いかに教育を通じて育むか、試行錯誤しています。2014年8月、長野県軽井沢町で日本初となった全寮制国際高校、ユナイテッド・ワールド・カレッジISAKジャパン（以下、UWC ISAK）を開校しました。学校の建学の精神（ミッション）には、「自ら成長し続け、新たなフロンティアに挑み、共に時代を創っていくチェンジメーカーを育む」ことを掲げています。

社会をより良い方向へ導くチェンジメーカーを育てるために、私たちは3つの力を重視しています。「問いを立てる力」「多様性を生かす力」「困難に挑む力」です。

変革への第一歩は、解くべき問題は何なのかを見つけるところから始まります。ますますボーダレス化していく世界では、多様な価値観を持つ人たちを理解し、彼らと協働できる能力も必要です。変革は困難の連続です。そこには壁に突き当たってもすぐに放り出したりしない、失敗しても再びチャレンジすることができる粘り強さが求められます。さらに、しなやかに発想の転換ができる逞しさも必要となるでしょう。これら3つの力は、閉塞感に包まれた今の世界を変えていく大きな原動力となり、新しい未来を切り拓いていくことにつながると私たちは信じています。

開校から6年。これまでにも学校をつくるまでの話は、本やTVのドキュメンタリーになってきましたが、開校後にUWC ISAKで起こっていることについては、断片的に記事になっているだけで、それらを包括的にお伝えできてはいませんでした。ここで改めて、私たちの学校が目指していることや、生徒たちに起きているさまざまな変化をご紹介すると共に、私自身が紆余曲折から学んできたことも合わせて、本書でお伝えできたらと思っています。

自分の道のつくり方

もともと私は、教育の世界とはまったく関係のない世界でキャリアを積んできました。大学卒業後は米系の投資銀行であるモルガン・スタンレーに入社し、「いろいろな経験をして、もっと成長したい」という思いから、日本のベンチャー企業で約3年間、役員として起業する経験も積んでいます。その後、国際協力銀行に転職。円借款を担当する部署に所属して仕事をする中で、「世の中を変え、より良くしていくためには教育がカギになる」という確信を強めました。インフラ整備などのハード面と同時に、人材育成というソフト面が重要なことを痛感したのです。

そこには、カナダのＵＷＣピアソン・カレッジに留学した高校時代の体験も大きくかかわっています。当時、メキシコ出身の友人の家に、1カ月ほどホームステイしたときのことです。彼女の家は、メキシコシティのハイウェイの横に立つブロックでできた質素な建物でした。断水のときはトタン屋根に降り注ぐメキシコの豪雨をドラム缶に集めて洗濯板で洗濯をしていたお母さんの後ろ姿が、とても印象的でした。

このメキシコ滞在中に生まれて初めて目にしたスラム街の光景は、今でも忘れることができません。むっとしたにおいが立ち込める暑い夏の日、子どもたちは裸同然で走り回り、大人たちは粗末な家の前に座って虚ろな目で宙を眺めていました。私はメキシコの降り注ぐ太陽の光のもとで、自分がいかに恵まれているかを思い知り、彼らが貧困から抜け出すためには経済的な援助だけでなく、教育が必要だと感じました。そして、日本という恵まれた環境に生まれた自分には一体何ができるのだろうと自問したのです。

10年以上の紆余曲折の末に

29歳で国際協力銀行を退行した私は「教育の世界に身を置こう」と決意し、米スタンフォード大学大学院で教育学を学びました。その後、国連児童基金（ユニセフ）の職員としてフィリピンに駐在し、ストリートチルドレンの教育事業に携わることになります。そこで直面したのは、社会に根づく圧倒的な格差と、渦巻く汚職です。年間9000人の子どもたちを支援しても、母数は数十万人、そして毎年その数は増え続けていました。私たちにできることはあまりに限られていて、自分の不甲斐なさと無力感に、フィリピンの真っ青な空を仰ぎながら涙したことが何度もありました。

そんなときに友人の紹介で出会ったのが、のちにUWC ISAKの発起人代表となる谷家衛さんです。「アジアの未来を担うようなチェンジメーカーを輩出する学校をつくろう。日本でもそういう人材は切望されている」と持ちかけられたとき、最初は面食らいました。しかしよくよくその意味を理解すれば、私にとってまさに天命のような提案だったのです。その夜は興奮して眠れませんでした。

その翌日から、学校づくりが私のライフワークになりました。つまりこの学校プロジェクトは、私自身にとっても、「何から始め、どう動き出せばいいのか」という問いへ答えを出す営みとなったのです。それは私が社会人として第一歩を踏み出してから、あるいはもっと以前から、長年迷ったり悩んだりしながら探し求めて、ようやくたどり着いた解でした。

挑戦するかしないかは自分次第

UWC ISAKのモットーに、"One Life. Realize your potential. Be a catalyst for positive change" というものがあります。一度しかない人生、この一つしかない広い地球を舞台に、自分の可能性を信じて限界に挑戦することで、変化への扉を開いてほしい……。そんな生徒たちへの願いが込められています。挑戦して失敗する後悔と、挑戦しない後悔。どちらが大きいと感じるかは、人によって違いがあると思います。ただ、生徒たちが学校生活を通じて経験しているように、本書を通じみなさんの中でも、前者への恐怖が少しでも薄らいでくれるのであれば幸いです。

この後、第1章ではまず、「はじめの一歩」を踏み出すために欠かせない自己考察の仕方についてみなさんと考えてみたいと思います。第2章では、実行するために大切なことを、第3章では私たちの学校でも大事にしている真の多様性について、第4章では動き出すことに必ず伴う困難にどう挑んでいくかを、第5章では自分らしく生きていくためのヒントについて考えていきます。

本書では、私たちが自分自身の苦悩や葛藤から学んできたこと、いつも生徒たちに伝えたいと思っていること、そしてこれまで彼らに教わってきたことを数多く書き記しました。

みなさんが未来をつくっていくきっかけにしていただけるなら、こんなにうれしいことはありません。

世界に通じる「実行力」の育てかた　はじめの一歩を踏み出そう　目次

第3章 真の多様性とは何でしょうか？ 123

第4章 「あきらめない」は特別な能力？

第5章

「自分らしく生きる」とは？

エピローグ

動けば何かが見えてくる

第1章　自分の声に耳を傾けてみませんか？

✓とことん情熱を燃やせるような課題が見つからない。
✓行動は起こしたいけれど、自分の強みが何なのか分からない。
✓やりたいことはあるのに漠然としていて、
どこから手をつければいいのか見当がつかない……。

今こそ一歩前へ踏み出したいという思いはあるものの、こんなふうに悩んで、少しおよび腰になっている方もいるかもしれません。「自分には衝撃的な原体験などないし、何かに突き動かされるような経験もしていないからなぁ」「何となく興味がある分野はあるけれど、実際の職業となるとぴったりくるものがなくて……」「毎日ニュースはチェックしている。でも、居ても立ってもいられないくらい解決したい社会課題なんて、正直、見つからない」。

私自身も最初は、たくさん悩みました。ときに迷走し、何度も何度も試行錯誤を繰り返して、今、ここにいます。壁に突き当たったり、ふと立ち止まってしまうことは、とても自然だと思います。

私もこうして自分の信じる道を進めるようになるまでには、自分自身と向き合う大変な（先が見えなくて、ときとして落ち込んでしまうような）プロセスがありました。これはUWC－ISAKの生徒たちにも日々伝えていることですが、自分の考えを深め、追求していくのは一朝一夕にできることではありません。

多くの人は、いきなり「外向きの問い」に向かって答えを焦りがちなのですが、実はその前に「内向きの問い」から順番にひもといていくことで、見えてくるものがある気がしています。この章では、そんな自分自身との向き合い方から考えていきたいと思います。

「自分」と向き合うことで未来が開ける

せっかくの志が長続きしないわけ

行動は、そこに何らかの課題やチャンスがあると「気づく」ことから始まります。自分の心の声に耳を傾け、自分の頭で考えて、自分が心底情熱を傾けられることとやどうしても憤りを抑えられないと思う課題を突き止められるかどうか。そういう「問い」を立てられるか否かが、重要だと思います。

しかし、その「問い」の立て方につまずいてしまう人も少なくないようです。みなさんの周りでも、意識が高く、自分磨きにも熱心なのに、なぜかその成果が現実の行動に結びつかないと悩んでいる方がいるかもしれません。世の中の役に立つような素晴らしい企画を提案しながら、実行段階で断念せざるを得ない状況に陥ってしまう人もいます。なぜそういう事態になるのでしょうか。もちろん、あらゆる企画やプロジェクトの成功には、数えきれないほどの外部要因も働くので、その失敗や挫折にもいろいろな理由があるのでしょうが、その最大のカギは「問い」の立て方にあると思います。

例えば、新しい企画やプロジェクトを考えるときに、多くの人は「次はどんなトレンドが来るだろう」「マーケットはどうなるだろう」と検討します。そこから需要に目を向け、「こんなビジネスが求められているのではないか」と仮説（問い）を立てて、その実現手段を考えていくわけですが、それはあくまでも「外向きの問い」です。一見すると正攻法のようですが、実は物事を成就させるには不十分なのではないかというのが私たちの考え方です。

多くのプロジェクトは、そのロジックがどれほど立派で正論だったとしても、それだけでは成功に導くことは困難です。結果的にたくさんの人を巻き込み、大きなうねりを起こしていくことも難しいかもしれません。プロジェクトに圧倒的な推進力を与えるためには、外に目を向けること以前にもっと大切なことがあると私たちは考えています。

「頭で考える」よりも大切なこと

それは、「自分は何者か」を問うこと。「内向きの問い」を立てることです。自分は何に一番ワクワクし、ドキドキするのか。自分は何が得意なのか。何に憤りを覚えるのか。そうやって自分と向き合うプロセスを経たうえで、外向きの問いを立てる、この順番がとても重要だと私たちは考えます。

なぜならば新規事業であれ、変革であれ、新しいことに挑もうとするときには、幾多のハードルが必ず待ち受けているからです。資金的、人的、技術的、制度的、あらゆる壁が立ちはだかっています。

そうした困難な状況に直面したときに、頭だけで考えているとすぐに見切りをつけたくなります。「こんなビジネスが求められているのではないか」と始めた事業も、そこまでの思い入れがなければ、何かにつまずいたらすぐに方向転換して、別の課題に目を向けてしまいがちです。

学校を開校するまでには多くの困難に直面しました。このプロジェクトを立ち上げた2008年にリーマン・ショックが起こり、決まっていたはずの資金提供の話がた

った の3週間で白紙に戻ってしまいます。2年間ほどまったく資金が集まらない状況が続いたのち、2010年、試験的にサマースクールを開催することで掴んだかに見えた糸口。開校に必要な資金10億円のうち1億円が集まったことに歓喜する私たちを待っていたのは、2011年の東日本大震災でした。2012年、ようやく100名のファウンダー（発起人）から必要な資金全額が集まったとき、私の手元にはすでに（ご寄付をお願いするために訪問した）2000名以上の方々の名刺がありました……。

その他にも数えきれないほどの壁が目の前に立ちはだかってきましたが、それらを一つひとつ、仲間たちと一緒にどうにか乗り越えてこられたのは、私たちが頭だけでなく、心の底から「このプロジェクトを実現したい」という思いを持っていたからだと思います。

私たちのチームの強みは、仲間の一人ひとりが、学校のミッションとリンクする自分自身の原体験を持っていることです。小さい頃に差別された経験、奨学金でようやく学校に通えた思い出、発展途上国で目の当たりにした衝撃的な光景……。一人ひとりにとってこのプロジェクトが、頭で考えて必要だと結論づけたものではなく、腹の底から湧き起こる思いの結晶なのです。自分を突き動かすものでしか、他人の心を突き動かすことはできません。私たちがチーム一丸となって、そのエネルギーを結集した結果、大きな山を動かすことができたのだと感じます。

この課題を解決したい、あるいは何かに情熱を持って表現したいという強い思いがあれば、人はそう簡単には諦めません。それが、思いを実現できるかどうかの差になってくるのではないでしょうか。

ベンチャーキャピタルやエンジェル投資家の方々が出資の判断をするときも、「提案者がどれだけ正しい問いを立てているかを見ている」と言われます。その事業に収益性や将来性があるかどうかはもちろん大きな判断材料ですが、それ以上に重視しているのが、その人がやろうとしていることにどれだけ腹落ちしているか、腹の底から必要だと思えることに挑んでいる人かどうか、だというのです。

恐らく、彼らはこんなふうに考えて判断されているのだと思います。「頭で考えただけの人は、逃げやすい。けれど、腹の底から納得している人は絶対に逃げない。それでもやり遂げられないなら、他の人にできるはずがない。それだけのリスクは取ってもいいだろう」と。

実際に、教育や学校経営の実績など何もなかった私が、共にチャレンジしてくれる同志を得て、学校づくりのために最終的に数十億円もの資金調達ができたのは、長年の試行錯誤を経てようやく「内向きの問い」の答えにたどり着いてから、「外向き」の問いかけをしていったからだと思います。

6年の準備期間を経て2014年に開校に漕ぎ着けたとき。数名のファウンダーの方々が私のところへ来て「本当に学校できちゃったね」とおかしそうに言うのです。「できると思っていないのに1000万円もご寄付くださったんですか!?」とびっくりして問いかける私に対して、その方たちは言いました。「あなたなら死ぬ気でやると思っていた。そんなあなたにできなければ、誰がやってもできない事業だろうと。だから託そうと決めたんですよ」と。

ただし繰り返しになりますが、私にとってもこの事業へたどり着くまでの道のりは、決して平坦ではありませんでした。むしろ、紆余曲折がありすぎて、道半ばでは親友たちにさえ呆れられてしまうほどの迷走ぶりだったのです。

34歳までに4度の転職を経験

ＵＷＣ ＩＳＡＫというと、２０１４年に学校が開校するまでには構想から7年もの歳月を費やし、たくさんの困難を乗り越えて設立された学校であるということは一部のみなさんはご存じかもしれません。しかし私自身がこのプロジェクト（今では自信を持ってライフワークであると断言できるプロジェクト）にたどり着くまで、人一倍悩み、転職を繰り返し、周囲の人たちにも見放されそうになりながらもがいてきたという事実は、あまり知られていないようです。

最初に漠然と社会の役に立ちたいと思ったのは、先に紹介した通り、初めてメキシコを訪れた高校生の夏でした。その原体験があったために大学では開発経済学のゼミに入り、フィリピンのスラムへホームステイに行ったりもしていました。ところがいざ就職となったとき、政府系援助機関に勤める仲の良い先輩からこう言い放たれるのです。「りんちゃんは公的機関には向かないんじゃないかなぁ。理不尽なこととか我慢できないでしょう」。目の前で何かが崩れていくような気がしたのを覚えています。「え、じゃあ私何をすればいいの？」と。

結果的に、やりたいことはともかく、優秀な人と働けて自分のプロフェッショナリズムを磨けるところにしばらくお世話になろうと気を取り直し、外資系投資銀行の門を叩きます。そこで数年修業してから大学院へ行き、国際援助機関を受け直すつもりでしたが、仕事をしているうちに楽しくなってしまいITベンチャーへ転職。もっとプロフェッショナルとして、個人として、闘ってみたい。自分の実力を試してみたいと、がむしゃらに働いた数年間でした。

改めて「やっぱり社会貢献の道に進みたい！」という思いを抱いたのは、28歳のときです。母校UWCピアソン・カレッジの同窓会に出席して、10年ぶりに同級生たちと再会したのがきっかけでした。かつて住んでいた寮に数日間泊まり込んで、自分たちが今感じていること、あの頃考えていたことを語り合いました。メキシコの実家に私を招いてくれた彼女は来ていませんでした。しかし彼女と共通の親しい友人と夜な夜な思い出話にふけるうちに、私の中に蘇ってきたのです。あのメキシコの炎天下で見た光景と、抱いていた思いが。かつての自分とまた再会したような衝撃を覚えました。

「はじめの一歩」を踏み出すハードルは低くなった

私は帰国後、すぐに行動を起こしました。当時勤めていたITベンチャーから、国際協力銀行への転職を決めたのです。そこで行われていたODA（政府開発援助）は、インフラ支援が中心で、私は電力や鉄道の担当になります。そして、マニラでアジア開発銀行や世界銀行の協調融資カウンターパートと一緒に仕事をすることになるのですが、彼らは送電網の研究で博士号を取っているようなハイレベルのエキスパートばかり。私も何か強みになる専門性を磨いていかなければ、とてもこの分野ではまともなインパクトが出せないということを身をもって痛感しました。そしてかつての思いに忠実に、教育を自らの専門分野にしようと思い立つのです。

国際協力銀行へ転職して半年ほど経った頃、スタンフォード大学のマーティン・カーノイ教授に師事するための受験勉強を始めます。教育を定性的・定量的に分析し、科学的根拠に基づいたエビデンスを提示することを始めた教育経済学の大家です。運良く1年で合格した私は、結婚5年目になろうとしていた夫の理解も得て、29歳でスタンフォード大学大学院へ。30歳の誕生日は、アメリカで迎えました。

スタンフォードで私を待っていたのは、学問の学びに加えて、職業観に関する気づきでした。それまでは「国際分野で教育に携わること」イコール国際機関だと思い込んでいたのが、必ずしもそうではないことに気がつきます。アメリカでは、ビル&メリンダ・ゲイツ財団のような財団や、アメリカン・インスティテュート・フォー・リサーチのような研究組織、ティーチ・フォー・アメリカのようなNPO団体まで、民間のセクターがとても精力的に活動しているのです。

ただ、アメリカの団体はどうしてもアメリカの教育に焦点を合わせたものが中心です。私は自分にも彼らと同じような道を切り拓けないだろうかと考えあぐねていましたが、なかなか解にたどり着けぬまま世界銀行とユニセフの採用試験を受けることにしました。結果的に、世銀はワシントンでの最終面接であえなく選考漏れ。ユニセフのマニラ事務所に駐在することが決まります。

国際協力銀行からスタンフォード大学、そしてユニセフへ。その前にも、新卒で入社したモルガン・スタンレーからベンチャー企業に転職しているので、私は34歳までに4度も転職を経験しています。終いにはユニセフを辞めて学校を立ち上げたいと言い出す私に、親しい友人でさえ「りんは人生で何がしたいの？」と呆れるのを見たときの寂しさは、今でも忘れられません。

しかし結果的に、転職も大学院への社会人留学も単身での海外駐在も、いずれもが今の私にとっては欠かすことのできないとても貴重な経験となりました。この紆余曲折がなければ、今とはまた違った道を歩んでいた可能性だってあっただろうと感じます。悩みながら一歩また一歩と踏み出してみるたびに、私は自分自身と向き合い、漠然とした思いを少しずつ形にしていったのです。言うなれば、「あっちの方向へ行きたい気がするなぁ」と一歩を踏み出したものの、あちこちで壁にぶつかり、「こっちは違うみたいだな、あっちへ行ってみようかな」と、徐々に方向が定まっていくような感覚でした。

もちろん、安易に転職を繰り返すことを推奨しているわけではありません。ただ、昔のように「この会社にいれば安泰」ということがなくなってしまった社会では、何も目標が持てないままその会社に居続けるほうが、かえってリスキーな場合もあります。今のこの不確実な世の中を見ていると、はじめの一歩を踏み出す「実行力」を発揮することは、昔よりも少しだけハードルが低くなっているようにさえ思うのです。

母の姿を見て感じた自分の根底にあるもの

ユニセフに転職することになった私は30歳のうちにマニラに駐在することが決まっていたのですが、実は国連パスポートの取得手続きに半年以上かかり、実際に駐在したのは32歳になる直前の秋になってしまいました。しかし、その空白の半年間も私にとってはまた意味のあるものとなったのですから、運命とは不思議なものです。

当時、私の母は東京都にある自治体で、30年にわたってソーシャルワーカーやボランティアセンターの設立などに奔走した後に市長になっていて、ちょうど2期目の選挙に取りかかるところでした。私は25歳のときに結婚したので、すでに実家は出ていましたが、母にはいつか恩返しをしたいと思っていたため、これを機会に選挙を手伝うことにしたのです。夫の理解も得て、実家に1カ月近く戻って母のサポートをすることができました。

そこで私が目の当たりにしたのは、本当にたくさんの方に支えられて選挙戦を勝ち抜く母の姿でした。彼女がこれまでいかに市民社会のために尽くしてきたかを肌で感じることができたのは、かけがえのない経験だったと思います。そして、私利私欲なく、人の幸せを純粋に自分の幸せと感じられる母の価値観が娘の自分の中にも知らぬ間に受け継がれていることを、再確認することができました。

一方で、急速に少子高齢化が進む多摩ニュータウンの財政危機を回避するために最初から大舵《おおなた》をふるった母の前には、再選に際して多くの抵抗勢力が立ちはだかりました。駅前での街頭演説中にひどく罵られることもあれば、自宅や近所に誹謗中傷の怪文書が投げ込まれるようなこともありました。政治の世界で生きてゆくためには本当に並大抵ではない強い精神力が必要で、私ではとても弱すぎるなと思ったものです。社会的使命という言葉を改めて胸に刻みながら、私はこの経験も糧として自分らしい貢献の仕方を模索し始めました。

大切なのは「内向きの問い」を立てること

自分と向き合う授業――「リーディング・セルフ」

UWC ISAKでは、生徒たちの一人ひとりがしっかり「内向きの問い」を立てられるようになってほしいという願いのもと、自己を導く「リーディング・セルフ」の授業を行っています。この授業を行っているのは、教員の鶴見泉。2011年のサマースクールから約10年にわたって力を貸してくれている、学校開校時からのコアメンバーの一人です。

生物の教師でもありますが、ときにはヨガを教えることもあり、この「リーディング・セルフ」の授業も行っています。このように1人の教員が1つの専門教科に限らず、それぞれに独自の授業を行う機会があることも、私たちの学校ならではかもしれません。

この「リーディング・セルフ」は、学校のミッションに基づき、彼女が5年かけて独自に開発してきたカリキュラムで、まだ発展途上にありますが、目指しているものは「内向きの問い」との出合いであり、その探究のきっかけをつくることにあります。

授業では、自己分析をして「自分がやりたいこと」や「自分の感情的な特性」などをひもといていきますが、このうち「自分がやりたいこと」は授業の中で即座に答えが見えてこない場合も多く、むしろ課外活動や長期休みのプロジェクト、インターンシップを通じて模索することを推奨しています。これについては後段で詳しく述べていきます。

また、「自分の感情的な特性」を捉えることは、普段は深く考える機会があまりないため難しいものです。そこで「リーディング・セルフ」の授業では、まず生徒たちに自分の感情を言葉に表すことから実践してもらいます。なぜこれが重要なのか。「問い」を探す旅路には紆余曲折があり、その実践には困難も伴う中、目の前に次々と現れる悲観材料をいちいち嘆いて後ろ向きになっていては前へ進めません。今自分が感じている感情を的確に把握し、客観視することで、感情に翻弄されることなく道を切り拓くことが可能になるという考えに基づいています。

例えば、生活の中で何かにいら立ちを感じたとき、自分自身に何が起こっているのかを考えてみます。その原因は、悲しみか、怒りか、それとも焦りなのか。こうした感情は普段、自分の中であまり分析されることなく未消化の状態になっているので、それを突き詰めて考え、言葉に表すことで見えてくるものがあります。そんな日々の心の動きを捉え、その理由を考えることで、自分が物事に対してどのような反応を示す傾向があるのか、感情面での自分の特性や、本当はどうありたいのかという根源的な欲求が分かってくるのです。

よく「怒ってはいけない」と言われますが、確かに感情的になって自分を抑えられなくなると、伝えたいこともうまく伝わらずに対人関係を壊してしまったり、うまくできることもできなくなったりします。それで私たちは気持ちを静め、怒っていることを忘れよう、抑えよう、なかったことにしようと、感情を制御する対象と捉えがちです。しかし、普段はそうして抑え込んでいる感情と、正面から向き合ってみることも必要だと考えるのがこの「リーディング・セルフ」の授業です。

なぜ自分にそのような感情が湧き起こったのかをひもとくことは、自分が何を大切にしているかを知るきっかけになります。そうやって自分への理解を深めていくことで、自分の理想の形を知り、それを追求していくためのポジティブな行動にもつなげられるようになることを目指します。

「こんなチームではリードできない」と悩む前に

実際に自分の心を分析したことで、こんな大きな変化があった生徒がいます。中国語圏出身の女子生徒は、入学して間もない頃、とても悩んでいました。それは、自分がチームリーダーになったときに、同じチームの生徒が何人もミーティングに遅刻してくる状況を目の当たりにしたからです。「とてもこんなチームではリードできない……」と落ち込んでいました。

しかし彼女は「リーディング・セルフ」の授業で、そうした自分の感情に目を向ける機会を得ました。改めて自分の戸惑いについて考えを深めてみると、あることに気づきます。それは、「私はずっと『時間に遅れてはいけない』という文化の中で育ってきたけれど、異なる環境で過ごしてきたメンバーは必ずしもそうではない。だから、悪いという感覚自体がない。私は、その『価値観の違い』にいら立っているんだ」ということ。

多様なUWC ISAKの生徒たちは、それぞれ異なる文化や価値観の中で生まれ育っています。そのため、学校から寮生活まで毎日を共にすると、お互いに常識だと思っていることが異なり、違和感を持つ瞬間が少なくありません。そしてそれは、たとえ同じ国で生活してきた者同士でも、それぞれの環境や価値観などの違いによって、往々にして起こり得ることなのです。

一度そう整理することができた女子生徒は、他のメンバーのことを少しずつ冷静に見られるようになっていきました。そのうちに、「あの子は時間にルーズだけど、場を盛り上げるのはとてもうまいな」「この子は遅刻ばかりだけど、斬新なアイデアをいつもたくさん出してくれるな」などと、メンバーの良い側面も見えるようになってきたようです。

こんなふうに、相手を一方的にジャッジしてしまうのではなく、双方が持つ違いを冷静に把握してより深いレベルで話し合い、理解し合うことができれば、状況は変わっていきます。それは、今、世界中で起こっているさまざまな問題を解決するヒントにもなるのではないでしょうか。「リーディング・セルフ」の感情分析は、その第一歩でもあるのです。

アウトドアでも役立ったリーディング・セルフ

私たちの学校では、あえて自らをチャレンジングな環境に置くことが大切だという考えから、アウトドア活動に力を入れています。雄々しい山から帰ってきた生徒たちからは、「つらくて途中でやめたくなったときに、リーディング・セルフで教わったことを思い出した」という感想もよく聞きます。難度の高い登山に挑戦していたある生徒は、ついに雨が降り出して「もうやめたい」と思ったとき、リーディング・セルフの授業に倣い、なぜそう思うのかを自問したそうです。

すると、「靴が濡れていて気持ち悪い」「荷物が重くて肩にのしかかる」などと、「もうやめたい」の根底にある原因の要素分解ができ始めたといいます。こうして具体的に分かってくると、個々の問題を冷静に分析できるようになるのです。「足元が湿っていて気持ち悪いけれど、ただ靴が濡れただけで、使えなくなったわけではない」「荷物が重いのは疲れてきたからで、朝持ったときと同じものだ。いや、弁当の中身が減った分、むしろ軽くなったはずだ」というように。

こうして違う角度から捉え直してみたことで、「止まりかけていた足がまた前に出るようになった」と本人は語っていました。なんとか登り切ったときに彼女の前に広がった風景は、これまでとは違ったものに見えたのではないかと思います。たとえ一度は物理的に無理だと思っても、状況と感情を冷静に捉えることでコントロールできる要素があるということを、この生徒は身をもって理解することができたというわけです。

さらに、この話には続きがあります。この生徒が上級生になったときに臨んだアウトドア活動で、かつての自分と同じように疲れて足が止まりかけていた下級生に声をかけ、この考え方を伝授したのです。自分の感情をコントロールするだけでなく、その体験を人に伝えることで、他の人の手助けをすることができる、これはリーダーやチェンジメーカーには不可欠なスキルです。こうした経験は、この生徒にとっても将来的に大きな力になっていくのではないかと思います。

チームがうまくまとまらないときにも、自分に立ち返る

協調性のある日本人は、チームで動くことが得意だと言われることがありますが、その協調性は「同調性」にも置き換えられるようなところがあると思います。同質的なメンバー間では右に倣えでチームが一丸となるかもしれませんが、これからの時代はもっと多様な価値観を持つメンバーたちと一緒にプロジェクトを組むことが増えていくはずです。そこで、これまでと同じような手法でチームワークを発揮していくのは難しくなっていくかもしれません。

UWC ISAKでは問題意識を共有する生徒同士がチームを組み、何カ月にもわたるプロジェクト活動を毎年行っています。まさに世界の縮図のように多様なクラスメートたちと一緒に、プロジェクト・マネジメントとはどのようなものなのか、チームワークとは何なのかを模索していくことは、彼らにとって大きな学びとなります。また、同じ目的を持って長い時間を共に過ごす中で、人間関係を形成する力や交渉の力も身についていくのです。

例えばベトナム出身の女子生徒の一人がリーダーとして、あるチームのすべてを仕切っていました。チームでミーティングを設定するのも、そのミーティングをリードするのも、常に彼女。他のメンバーたちは、みんな一歩下がって彼女がやっていることを見ているような状態でした。そこで、何が起こったか。

ある日、その女子生徒が涙を流しながら教員のところへやってきました。聞けば、「自分がチームを動かしているから、どんな失敗も全部、自分の責任になってしまう。だから、いつも自分を責めることになる」と言います。「他の生徒たちはあまりに受け身だ」と、溜め込んでいた不満を訴えました。

そこで相談を受けた教員は、「あなたのチーム内のダイナミクスは、どのように働いていますか？」「そこであなたは、どんな戦略を取ることができますか？」と問いかけました。その状況は、彼女自身の性格や特徴が招いている結果でもあったからです。自らを省みて考えを深めた結果、この生徒はときに一歩下がるようになり、週に1度は誰か他のメンバーにミーティングをリードしてもらうようにしました。そのちょっとしたやり方の違いで、状況は大きく変わったようです。

「コミュニケーションは常に50対50だ」と、私はいつも自分にも自分のチームにも言い聞かせています。何かがうまくいかないときは、相手にも原因があるかもしれないけれど、原因の半分は自分にあることが往々にしてあります。難局を打開していくためには、他の人に「ああしろ、こうしろ」と言う前に、自分自身について省みることで、新たな活路が見出せる可能性があるのではないでしょうか。

リーディング・セルフ：感情をひもとくエクササイズの例

ここでは、高校生が授業の中で実際に取り組んでいるエクササイズを紹介します。自らの思い込みや感情に気がつくことは、ポジティブな行動を起こすためのスタート地点となるという考えに基づいています。

「意見」は「事実」ではない

私たちは無意識に、自分の考えと事実を結びつけてしまうことがあります。その考えは「事実」なのか、あるいは個々の「意見」でしかないのか、以下の問題で区別する練習をしてみましょう。

	事実	意見
1. 「私は悪い人間だ」	□	□
2. 「『彼女は私の発言を好まない』とサムが言った」	□	□
3. 「何一つうまくいかない」	□	□
4. 「これはひどい惨事だ」	□	□
5. 「私は彼らのように魅力的ではない」	□	□
6. 「私は試験に落ちた」	□	□
7. 「私は肥満だ」	□	□
8. 「彼は私に向かって叫んだ」	□	□
9. 「私は自己中心的だ」	□	□
10. 「私は怠惰だ」	□	□

失敗のレジュメ

失敗は成功のもとと言いますが、あまり思い出したくないような「失敗」も、感情となるべく切り離し、事実だけを改めて見つめ直してみると意外な新しい側面が見えてくることがあります。そしてそれが見えてくることで、次の失敗の最中で、自分に何を言い聞かせるべきなのかが、分かってくるかもしれません。

1. これまであなたが経験した「失敗の瞬間」をリストにしてください。
2. それぞれの失敗で、あなたが学んだことを書き起こしてみてください。
3. その失敗をしていたからこそ、今のあなたがいると思えることはありますか？

問いを立てるヒントは「自らを突き動かすもの」

恵まれた環境では「問い」が立てにくい？

自分の感情と冷静に向き合うことが大切なのは分かったけれど、そもそも「やりたいことが見つからない」と悩む人は多いかもしれません。UWC ISAKの生徒も例外ではなく、どちらかというと恵まれた環境の先進国出身の生徒たちに多く見られる傾向のようです。

授業はすべて英語で行われるため、出身国によらず生徒の英語力はかなり高くなりますし、世界中の情報も入ってきやすいと思います。毎年5倍以上になる倍率の中で入学してきたのですから、それぞれに意識も高く、さまざまな問題意識のもとで複数の活動を展開して活躍しています。しかしそれでもなお、自分が取り組むべき課題を見つけられずに悩んだり、焦ったりする様子を見かけるのです。そして、これは自然なことだと感じています。

一概には言えないかもしれませんが、先進国出身の生徒は簡単には問いが立てにくい状況に置かれているのかもしれません。なぜなら、身近に社会への憤りを感じる機会が不足していることが多いからです。一方で発展途上国から来ている生徒たちは、もともと社会への疑問や憤りを強く持っていることが多いようです。それぞれが思う問題の解決に向けて、どんどん取り組んでいく姿をよく見かけます。

例えば、もしも私たちがスラム街の近くに住んでいたら、社会の矛盾や課題を感じざるを得ない場面に日々遭遇することになります。なぜ子どもたちは学校に通えず、日銭を稼ぐために労働に駆り出されなければならないのか。なぜ大人になっても就職先がなく、路上生活者になってしまうのか。なぜ富裕層と貧困層の格差がこれほど激しいのか――。それらの多くは個人の責任ではなく、社会システムの問題です。そのような環境下にいれば、何かがおかしい、間違っているのではないかという思いは自然と湧いてくるでしょう。

しかし実は先進国の日本でも、社会課題は山積しています。途上国に暮らす場合に比べてそれが見えなかったり、目に触れる機会が少ないせいかもしれません。ただ、少しアンテナを高く持てば、実は身の回りにたくさんの課題があることに気づきます。

近年よく報道されている海洋プラスチック問題もその一つです。その他にも子どもの貧困率が上昇していたり、男女の賃金格差の問題があったり、あるいは中国や韓国などとの複雑な関係が存在します。はたまた、企業のＩＴ化の遅れによって労働効率が先進国の中でも下位に落ち込んでいたり、世界的には標準となりつつあるシェアリングエコノミーの浸透がさまざまな規則によって阻まれていたり。膨張し続ける社会保障費の問題にも、明確な解は見つかっていません。オンライン医療やオンライン教育も、他国に比べると大幅に遅れをとっています。アンテナをいかにはることができるか。それによって先進国でも、まだまだ「問い」の種は私たちの周りにたくさんあるような気がします。

「問い」につながるさまざまな原体験

多くの人は、周囲のいろいろな現象を見て、「おかしい」「変えたい」と思うところから問いを立てます。さらに、どんな経験をし、その現象をどう自分に反映させるかで、その問いの質は変わっていきます。ですから、あまりに居心地のいい環境に落ち着いてしまっていると自分が感じる場合には、そのコンフォートゾーンを飛び出して、いつもとは異なる刺激が受けられる環境を能動的に求めていくことも大切になってくるかもしれません。

私たちの高校を2020年に卒業したラグビー好きな日本人男子生徒は、東日本大震災で被災した岩手県釜石の高校生とニュージーランド地震で被災したクライストチャーチの高校生を、ラグビーを通して結ぶ「釜石プロジェクト」をスタートさせました。復興交流というだけではなく、スポーツ交流、文化交流も育んでいく取り組みです。

実は彼自身、小学3年生のときに東日本大震災を経験し、祖母を亡くしています。その頃、ラグビーの代表選手などのスポーツ選手が学校に出向いてくれ、励ましてもらったそうです。「子ども心にスター選手と会えたのはうれしかったけれど、いつも誰かに助けてもらってばかりだった。『自分も何かしないと、何かしないと……』と思いながら、実際には何もできなかった」と、当時を振り返ります。

そして彼が中学生のときに、ラグビーが大好きだった友だちが病気で亡くなってしまいました。その友だちは釜石でラグビーのワールドカップの試合が行われることを、本当に楽しみにしていたそうです。祖母や親しい友人の死を経験して、つらく悲しいときを過ごすうちに、彼はこんな思いに至ったと言います。「自分がこうして生きていること、生かされていることに心から感謝するようになりました。そして、今までは自分のためだけに生きてきたけど、これからは、自分自身が楽しみながらも、誰かのためになることをして生きていきたいと強く思うようになりました。それで、大好きなラグビーを通して人や地域を結ぶプロジェクトを始めたのです」。

ニュージーランドの高校生との交流が生まれたきっかけは、彼がＵＷＣ ＩＳＡＫに入学する前の夏に語学留学をしたことでした。留学先のクライストチャーチに知り合いができたこともあり、現地の高校に「日本の高校生と交流プロジェクトに参加しませんか」と呼びかけたのです。それから彼は多くの人に助けられ、応援してもらいながら、高校1年生のときにクライストチャーチの高校生ラグビーチームを釜石に呼んで、交流試合を実現させました。「ずっと考えてきたことが本当に実現し、自分でも驚いた」と振り返ります。

その後、釜石でのラグビーワールドカップ開催に向けて、同級生たちと多言語の釜石ガイドブックを作る活動にも着手。ワールドカップ直前には地元の中高生から観光ガイドを募集することになり、学校を回ってチラシを配布したところ、1週間で50人もの中高生が「入れてください。僕たちもやりたいです！」と言ってくれたそうです。「そうやってさまざまな人の間に活動の輪が広がっていく瞬間は、心底うれしいものでした」と話していました。実際には台風19号の影響で釜石での試合は中止になってしまいましたが、彼らがカナダ代表選手たちと台風後の土砂清掃に勤しむ姿が各局のニュース番組で取り上げられる結果となりました。

自分の大好きなものも「問い」につながる

彼の場合は東日本大震災などのつらい経験がバネになったわけですが、もちろん「問い」につながる原体験はネガティブなものだけではありません。ポジティブな体験も、「問い」につながることは十分にあると思います。

例えば、私の同世代でリケジョ起業家を代表する岡島礼奈さんや高橋祥子さんなども、何かネガティブな社会問題を打開したり、改善したりしようという動機ではなく、純粋に自分が好きなものを追求して、その好きが高じたビジネスを起こしています。

岡島さんは人工流れ星をつくり出す宇宙ベンチャー企業「ALE」を、高橋さんは遺伝子解析キットを提供する「ジーンクエスト」を立ち上げた起業家ですが、先日も一緒に食事をする機会がありました。2人とも、まさにそれぞれの分野の素敵な〝オタク〟で、「自分の大好きなものをもっと追求して実現するには、莫大な資金が必要。大学で研究費を申請したりするよりも、事業にしてマーケットから資金調達してしまったほうが効率が良かった」と、笑顔で淡々と語ってくれました。

彼女たちの事例を見ても、今と同じ場所に立って待っているだけでは、自分を奮い立たせてくれるような体験が向こうから歩いてやってくる確率は、やはり低そうです。思い切って自分のまだ知らない世界を積極的に覗きに行くことも、新しい「問い」を立てるきっかけになるのではないでしょうか。

「今の自分」の構成要素を考える

まずは原体験を振り返ろう

「やりたいこと」の背景には、何らかの原体験があることが多いと感じます。自分にとって原体験となるものは何なのか、今やろうとしていることや興味があることは、自分の過去とどうつながっているのか。それをときどき振り返って、自分が進みたい方向性とこれまで歩んできた人生の根底にある価値観が合致しているかどうかを考えてみるのは大切だと感じています。ときとして、ある原体験が「やりたいこと」とつながっていると理解できるまでに、一定期間を要する場合もあるかもしれません。私自身もそうでした。

私にとって、現在のライフワークにつながった重要な原体験は3つあります。

1つ目は、日本の高校を辞めて、カナダの全寮制学校に留学したことです。私が最初に通った国立大学付属高校は、自由な校風を誇りながらも、400人中100人が東京大学に進む進学校でした。しかし入学早々担任教員から、「あなたが東大に行くにはこの教科が弱いから、克服しなさい」と言われたのです。私のことを思ったからこその助言だったのだと思いますが、私の得意分野や学級委員などの活動には触れずに弱点を指摘され、まさに減点主義の教育だと感じて、私は強い違和感を覚えました。

高校2年生のときにユナイテッド・ワールド・カレッジ日本協会の奨学金を受けられることになり、カナダの高校に留学すると、そこでは「あなたには何ができる？」「何をやりたいの？」と聞かれました。減点主義とは対照的な、人の得意なことや目的意識に立脚した教育観がそこにはありました。

世界には、そんなふうにまったく異なる価値観があることを知って、驚きを覚えました。それと同時に、日本で長らく自分の欠点を克服することに勤しんできた私には、これといって得意なこともなく、途方に暮れたのを覚えています。

2つ目の原体験は、その学校で友だちになったメキシコ人の家を夏休みに訪ねたときのことです。彼女の実家がどのような状況だったかは、すでにご紹介した通りです。

それは多摩ニュータウンに生まれ、日本のごく一般的な家庭で育った私にさえ、かなり慎ましやかに思えるものでした。

ところが、彼女の親せきに連れていってもらったスラム街の光景は、もっと衝撃的なものだったのです。そこには、働く場所のない大人や学校に通っていない子どもたちがあふれていました。

ドキュメンタリー番組や本の中でしか見てこなかった貧困が、自分の友だちの住居のすぐ先で、目の前に現実として広がっている。安心して住める家があり、公教育を受けられる環境は、決して当たり前のものではない。自分は世界から見たら、ほんの数パーセントの恵まれた人間だったのかもしれないと痛感しました。確率論的には、私だって向こう側に生まれていたかもしれない。初めて「使命」という言葉が脳裏をよぎり、自分というちっぽけな存在にも何かできることがあるかもしれない、それを探さなくてはいけない、と強く感じました。

3つ目の原体験は、ユニセフの職員として、フィリピンで貧困層の教育に関わったときのことです。私は就学機会のない子どもたちが基礎教育を受けられるように支援をする、草の根NPOの方々と活動を共にしていました。そこには、学校教育は無償でも、制服や靴が買えない、あるいは日中は働かないといけないために通学できない子どもが大勢いたのです。制服や靴などを支給したり、彼らが働かなくてもよい夜中や週末に基礎教育を行ったりする活動は、とても意義があるものだと感じました。中には10人近く兄妹がいて、親戚中で初めて小学校課程を終え、飲食業などの定職に就いて「これで弟や妹を学校に行かせてあげられる」と涙する子までいました。

しかし、それだけでは圧倒的な格差や汚職が渦巻く状況は変わらないということも、同時に思い知ってしまったのです。親が教育を受けていなければ、子どもに教育を受けさせようとは思いにくい。例え教育を受けても、社会的な格差が大きすぎてなかなか職に就けないことも多く、未来に希望が持てない。こうした負の連鎖を断ち切り、社会システムそのものを変えるには、その国で教育を受けた人たちの数パーセントでもいいので変革の旗ふり役となって、社会を変えていく必要があると感じました。

高校時代から前職時代まで、15年ほどもかけて積み重なってきたこの3つの原体験があったからこそ、のちに私は教育をテーマにし、UWC ISAKという学校をつくろうという思いに至ったのだと思います。みなさんの中にも、今の自分の価値観に少なからず影響を与えている原体験が、何かあるのではないでしょうか。それらを掘り下げていくことで、自分が分かり、目指すべき方向性が見えてくるかもしれません。

自分の情熱はすぐに見つかるとは限らない

「自分について説明する」ということは、一見簡単そうで、実は難しいところがあります。誰しも自分のことは自分自身が一番よく分かっていると思うものですが、改めて深く掘り下げていくと、意外と気づいていないところもあったりするものです。UWC ISAKでも、自分が何に情熱を持っているのかを探求する場を設けていますが、すべての生徒がすぐに自分の情熱を見つけられるわけではありません。

冒頭に紹介した卒業生が、在学中に“What is most important?”と繰り返し自らに問いかけることを教わったと話しているように、私たちは時間をかけて、生徒たち自身の人生にとって大事なことを理解することにも重きを置いています。

日本には「出る杭は打たれる」ということわざがあり、人々はそれぞれに社会性を身につけて、社会と調和していくことを求められる傾向があります。その力は想像以上に強く働いていて、いつの間にか引っ張られてしまうこともあるかもしれません。

そこで私たちは、生徒たちと一緒に「すでに存在していること」を複製するのではなく、むしろ破壊的に創造していくような会話や働きかけを意識しています。これは生徒たちにとって馴染みのないことなので、受け入れるのに多少時間がかかることもあります。

すべての生徒が、最初から何かしらの情熱を抱いているわけではありません。もちろん中には、入学したときから明確な目標を持った生徒もいますが、多くの生徒はUWC ISAKで学ぶうち、自らの情熱について探求し始めます。頻繁に見かけるのは、誰か他の人の情熱を自分自身に取り入れる姿です。

例えば同級生が環境に非常に興味を持っていたら彼の活動に参加してみる、あるいは同級生がタジキスタンの出身で女子教育の普及に腐心していれば彼女の手伝いをしてみる。そうした活動の中で、本当に自分が情熱を注げるものを見つけていく生徒もいます。

一方で、他者の介在なく、一人で自分の情熱を見つけることは、そう簡単ではありません。自分自身の情熱が何なのかを内省的に考えていくことは、本来とても根気がいることで、まるで何層にもおよぶ玉ねぎの皮をむいていくような作業です。また、必ずしも全員がすぐに「内なる情熱」を見つける必要はないとも思います。

情熱は、何歳になってからでも獲得することができるからです。それは、何か新しいことや面白いこと、自分が強く共鳴できるようなことを試し、経験を重ねていく中で湧き出てくることがあります。そのうちに、自分が情熱を注げるものは何なのかということが分かってくることもあるのだと思います。自分が何者なのかを探求すると同時に、そうした新しい経験の機会を持つことも大切なのかもしれません。

リーディング・セルフ：自分のやりたいことを探求するエクササイズの例

一体どれが本当の自分なのか、日々の忙しさに紛れて、なかなか自覚できずにいる人は少なくないと思います。目の前のタスクをこなすことにとらわれて、自分が本当にやりたいことができていない事実にさえ、気づけないことがあるからです。

ここでは、前述の「リーディング・セルフ」の授業で実際に行っているエクササイズの中から、自己探究に関するものをご紹介します。自分の心の声にしっかり耳を傾けて、客観的にそれを表に書き出してみることで、今まで自覚していなかった願望や、いつの間にか目を背けていた本音に気づくこともあるかもしれません。

過去をトラックする

過去を振り返り、分析することで、自分が誰なのか、自分はどんなことを大切にしていて、他の人からどのように見られているのかを探れるでしょうか。

1. あなたを描写する3つの形容詞は何ですか？
2. 子ども時代の重要な経験は何ですか？　それはあなた自身の人格形成にどう影響しましたか？
3. 涙が出るほど、心から感謝の念を覚えたことはありますか？　そのとき、何に対して感謝しましたか？
4. あなたが落ち込むのはどんなときですか？　そんなとき、どのように行動しますか？

5. 過去数年を振り返って、自分自身が大きく変わったことはありますか?

好きでたまらないこと

あなたの大好きなことをすべて挙げてみましょう。あなたを突き動かすもの、あなたをリラックスさせるもの、あなたを思わず笑顔にさせるものは何ですか?

自分の国の社会問題

自分のアイデンティティを探るうえでも、一度じっくり考えてみませんか。

1. 自分の国のニュースを見てみましょう。
2. それらのニュースのうち、自分の中で感情的な反応が起きる画像やヘッドラインをピックアップします。
3. 記事のすべてを読む必要はありません。直感で、あなたの心を動かすヘッドラインや写真、カギとなる情報に集中してください。
4. それらの中から、少なくとも3つの切り抜きを用意してコラージュを作ります。
5. 次のA、B、Cを、他の人と共有できるように、それぞれまとめてみましょう。

A：なぜ、その画像やヘッドラインを選んだのですか？

B：それらはどのような問題を扱っていますか？

C：その課題を解決した先に、あなたが思い描く理想的な社会像とはどのようなものでしょうか。

ケーススタディ

長谷川敦弥

Hasegawa Atsumi

LITALICO（リタリコ）代表取締役社長

1985年2月生まれ。2008年名古屋大学理学部数理学科卒業。09年8月に株式会社LITALICO代表取締役社長に就任。「障害のない社会をつくる」というビジョンを掲げ、障害のある方に向けた就労支援サービスを全国79カ所、発達障がいのある子どもを中心とした教育サービスを全国108カ所、小中学生にプログラミングを教えるIT×ものづくり教室や、子育て中の親に向けたインターネットメディアも展開。幼少期の教育から社会での活躍までワンストップでサポートする独自の仕組みを築いている。17年3月、東証一部に上場。同年世界経済フォーラム ヤンググローバルリーダー選出。19年4月より文部科学省 中央教育審議会委員就任。

「内向きの問い」を外につなげるリーダー

自らの情熱と向き合い、問いを立て、世の中を変える難題に取り組むリーダーとして、私が真っ先に思い浮かべるのがリタリコの長谷川敦弥さんです。

長谷川さんが「世の中を変える仕事をしたい」と思い立ったのは、大学2年生のときでした。その実現のため、ITベンチャーでインターンシップを行いました。そこでは顧客の開拓や新規事業の企画にやりがいを感じ、営業所の責任者を任されるほどの信頼を得たものの、自分ごととして考えられる「問い」はなかったといいます。

しかしあるとき、友だちの誘いで行った障害者の就労支援施設で転機は訪れました。重度の障害のある人たちがそれぞれの目標を胸に懸命に働く姿を見て、深い感銘を受けたのです。「彼らがもっと幸せになれる社会、すべての人が自分らしく生きられる世の中をつくりたい」と、長谷川さんはリタリコ（当時の社名はウイングル）に飛び込むことになりました。

リタリコは現在、身体障害、知的障害、精神障害などがある人が、それぞれに合ったやり方で働けるように、パソコンや軽作業などの基礎訓練や、ビジネスマナーの研修を行う就労支援施設を、全国で79カ所運営しています。また教育の面でも、学習障害（LD）や注意欠陥多動性障害（ADHD）といった発達障害、自閉症などの子どもたちに、それぞれの個性に合わせた学び方を用意する学習教室を、約108拠点で展開。従業員は2100名を超えています。

毎年リタリコのサービスによって、多くの障害者や子どもたちが、ビジネススキルや学力、人付き合いを円滑にするソーシャルスキルなどを身につけ、巣立っていきますが、同社のユニークなところは、そこに一定の利益があり、成長も期待される上場企業であるということでしょう。「障害者の支援は福祉の領域である」という常識にとらわれずに、東証マザーズに株式を公開したのが２０１６年。その翌年には東証一部に市場変更しました。その立役者こそが、２００９年に当時24歳の若さで社長に就任した長谷川さんなのです。上場への道を志したのは、社会貢献をしながらも、そこにビジネスを成立させられることを証明する意味もあったのだと思います。

私が長谷川さんと友人付き合いをするようになったのは、このリタリコの教育に関心を持ったことからでしたが、彼がなぜ障害者の分野の問題に取り組もうと思ったのか、その内発的な気持ちにも興味があり、一度聞いてみたことがあります。すると、そこには長谷川さんの意外な原体験がありました。

実は長谷川さん自身、子どもの頃にＡＤＨＤの傾向があったのだそうです。学校では落ち着かず、忘れ物も多く、先生から与えられた課題にも集中できないことから、問題児として小中高の間ずっと疎まれ続けてきたといいます。それですっかり自信をなくし、自分の価値を見出せなくなっていたとき、たまたまアルバイトを始めた焼肉店のオーナーとの出会いが人生を一変させました。

そのオーナーには、毎日のようにこんなことを言われたのだそうです。「長谷川くんは面白いアイデアを持っている」「行動力もすごい」「私は何千人もアルバイトを見てきたけれど、長谷川くんは明らかにみんなと違っている」「世の中を変える人になるかもしれない」「大学を中退して、ニューヨークか、最低でも東京に行きなさい」。そうした言葉に勇気づけられ、一念発起して上京したのが20歳のとき。ITベンチャーでビジネス力を身につけた後、リタリコにたどり着きました。

恐らく長谷川さんはそのオーナーに出会うまで、ずっと「自分は何でこうなのだろう」という悶々とした思いを抱えていたと思います。でもそこで、そんな自分を評価してくれる人がいることを知り、人生が開けました。さらにビジネスでも明確な結果を出すことができて、「自分は今まで学校では評価されず、発達障害と言われてきたけれど、やればできた。これは本当に『障害』なのだろうか」という内なる問いが生まれたのではないでしょうか。

ここで重要なのは、自己を省みる「内向きの問い」が「外向きの問い」につながっていったことだと思います。「世の中には障害者というだけで必要以上に区別されて、苦労している人がたくさんいる。それでいいのだろうか」という外向きの問いの前には、長谷川さん自身の内向きの問いがあったのです。長谷川さんにとってリタリコでの活動は、社会的使命もさることながら、まさに「自分ごと」になっています。だからこそ、難題にも諦めずに立ち向かっていける力が湧いてくるのではないでしょうか。

発達障害のために正当に評価されず、ときには親にも失望され、味方になってくれる人も現れず、挫折感や劣等感を味わううちに引きこもりになってしまうこともあります。自己肯定感の喪失によって、二次障害を引き起こすこともあるようです。その悪循環に陥ったら、なかなか抜け出すのは難しい。それを免れたのは紙一重の違いに過ぎず、焼肉店のオーナーとの出会いがなければ「僕もサポートが必要な側だったかもしれない」と、長谷川さんはよく言います。

長谷川さんと話をしていると、いつも腹の底から湧き起こるような情熱と使命感が感じられて、こちらまで心が震えるような思いがします。本当に自分のことのように障害者の方々を支援することに力を注いでいるのです。新しいことを始めるにあたって、このように自分の中の「内向きの問い」が「外向きの問い」である社会ニーズと重なり合うことは、とても重要なことなのではないかと思います。

第2章　一歩前へ踏み出してみませんか？

✓せっかく自分のやりたいことを見つけたのに、
親や友人に反対されている。

✓やりたいことはあるけれど、
失敗したときのことを考えるとひるんでしまう。

✓家庭があって子どももいるし、
リスクなんてそう簡単には取れない！

何か新しいことを始めるときは、誰でも怖いものです。今ではシリアル・アントレプレナーとして知られるような起業家だって、きっとはじめの一歩は怖かったと思います。でも、恐れているその「リスク」は、本当に私たちの人生を壊してしまうほどのものでしょうか。確かに昔は、新しい挑戦をしないことがリスク回避になる時代がありました。しかしそれは、これからの時代には通用しなくなっていると思います。時代の変化や技術の進歩によって仕事が奪われることを危惧するなら、自分の力で新しい一歩を踏み出すことこそがリスク回避につながるからです。

もちろん、いきなり「世界を変えるような大きな一歩を踏み出さなければ」ということではないと思います。むしろはじめの一歩は、身の回りに小さな変化を起こすことから始まるのではないでしょうか。たとえ日常の中で見つけた小さな気づきであっても、それを改善するために動き出すことは、確かな一歩となるはずです。どんな小さな一歩も、積み重ねていくことで大きな自信につながりますし、失敗でさえも次へつながる貴重な学びになると感じます。この章では、そんな一歩を踏み出すためのヒントや事例について考えていきます。

「できない」は簡単なアイデアで変えられる

日常の中にも取り組むべき課題はある

自分が取り組むべき課題を見つけて一歩前へ踏み出すということは、本当に身近なところから始められます。例えば今、企業に勤めている社員の方が、いきなり会社全体を大改革するのはなかなか難しいと思いますが、ごく小さなことで「これはおかしいんじゃないか」と感じていることがあるなら、改善に向けて働きかけることはできるのではないでしょうか。

そう言うと、「うちは減点主義だから、何かして出世できなくなったら困る!」なんて言う方もいらっしゃるかもしれません。でも、そこに改善の余地があると感じるのなら、恐れずに働きかけてみることで、案外変えられることは多いものです。それでより良い環境が生まれれば、企業にとってもプラスになります。

私も以前勤めていた組織で、こんな働きかけをしたことがあります。その職場の上司は、極めて優秀な方でしたが、同時にとても厳しい人でした。私自身は評価いただいてスムーズに仕事を進められていたのですが、周りの同僚たちは彼に対して強い苦手意識を持っていて、いつも接するときには戦々恐々としていたのです。

あるとき、私はその上司に、部下たちと飲みに行って距離を縮めてはどうかと勧めてみました。すると、「そうしたいのはやまやまだが、今の時代は飲みに誘うだけで『パワハラ』と言われてしまう。特にミレニアム世代は、飲みニケーションを嫌がるのではないか」と、気にしていて声がかけられなかったことが分かったのです。

それならばと、以降は私のほうから彼を飲み会に誘うようになりました。その結果、少しギクシャクしていた職場の雰囲気が少しずつ変わっていったように思います。特にこうした人間関係は、それぞれの立場によって見ている景色がまったく違っていることがあるのだと学んだ出来事でした。

最初から「この関係を変えるなんて無理だ！」と決めつけずに、相手の立場に立って、ときには懐に飛び込んでいくことで、突破口が開けることもあるのではないでしょうか。

さらに、こうして信頼関係ができたことで、お互いの無駄な作業を省くような交渉もしやすくなりました。例えば、(外資系とベンチャーでしか働いたことのなかった私にとっては) 見たこともないような数の押印欄が並ぶ稟議書を通すプロセスによって、意思決定が遅くなっていたときも、「本当に関係する人だけが承認するようにできないでしょうか?」とその上司にかけあってみたところ、必要最小限の承認印だけで稟議書を通してもらえることになったのです。

こうした小さな行動が職場に前向きな変化を生み、働きやすい環境につながっていくのを見ながら、周りの環境とは必ずしも所与のものではないことを働きかければ変わり得ることを学ばせていただきました。

その「タブー」にも、きっと突破口がある

私が国際協力銀行で働いていたときには、こんなことがありました。

援助機関の担当者である私たちが、現地ではなく東京にいながら正しい判断をする

ためには、現地事務所との連携と同時に、現場の隅々まで精通している民間企業の方々の知見が欠かせません。特に私のような中途採用者はまったくの素人で担当に就くので、勘所を押さえるためにも、当時担当していた分野の商社や電力会社の方々にはいろいろときめ細かに教えていただく必要がありました。

そこで困った私は、各社を直接訪問して、独自にヒアリングを始めました。すると、訪問先の誰もが驚き、口々にこう言われたのです。「何かあるといつも呼びつけられていたのに、わざわざこちらに出向いてくるなんて、めずらしい！」と。そして、みなさん快く情報を提供してくれました。

ただ、できることなら飲食を共にして距離を縮めたほうが、腹を割った話もしやすくなります。しかしその頃、ちょうど官民の癒着が社会問題として大々的に報道されていたこともあり、いわゆる接待のみならず、特定の利害関係者との宴席は固く禁じられていました。

そこで私は一計を案じました。「特定の企業との宴席が禁じられているのならば、関係者全員でやればいいじゃない！」と。私は簡素なパーティー会場を借り切って、電力分野で開発に携わっているみなさんにお声がけをして、会費制の飲み会を開くことにしたのです。そんなふうにして地道に人間関係をつくっていったことで、担当国や担当分野のエキスパートの方々との距離が短期間でぐんと縮まり、教えていただける情報の量や深さも格段に向上しました。

今でこそ笑い話のようなエピソードですが、「これは組織のルールだからできない」「タブーだ」とされているようなことでも、考え方次第で道は開けてくると思います。どんなことでも「変えられない」と思い込んでしまうのは、もったいないことです。おかしいと感じたら何かしら行動を起こしてみる、小さなことから始めてみる、そんな癖をつけていくことが大事なのではないでしょうか。

失敗した後悔よりも、やらない後悔のほうが大きい

「なぜ、あなたは誰もやらないことに挑戦しようと思うのですか」「それは怖いことではないのでしょうか」「どうしたら、失敗を恐れなくなりますか」——。これは、私が社会人向けの講演会や研修などでよく聞かれる質問です。

こうしたときに私は、「何か新しいことを始めようとしてその一歩が踏み出せないのは、ごくごく自然なことだと思います」とお答えしています。

アメリカのアントレプレナーシップ研究の大家、アダム・グラントがこんなことを言っています。「起業家も普通の人と一緒で怖い。ただ、起業家とそうでない人を分ける唯一の違いは、怖くても進むかどうかだ。なぜなら、起業家はやって失敗した後悔よりも、やらない後悔のほうが大きいことを、心底知っているからだ」。

これは必ずしも、起業家だけに言えることではないと思います。この10年の間に、日本や世界のあらゆる組織の中で、変革への渇望が渦巻き始めていると感じます。10年前に比べれば、何か新しいことを言ってみたりやってみたりすることのリスクは少しずつ減っているのではないでしょうか。

一歩を踏み出すのを「怖がるな」というのは違うと思います。誰だって多少なりとも怖いのです。私だって不安はありました。怖がりながらでもいいので、小さくても構わないので、身の回りのことから何か一つアクションを取ってみることが肝要だと思います。

そのはじめの一歩を踏み出すというハードルさえ越えることができれば、そこでもし失敗してしまったとしても、「転んだけれどそんなに痛くなかったな」と思えさえすれば、その経験は次にまた一歩踏み出すための糧になるはずです。行動した人は、少なからず成長することができると信じています。

「はじめの一歩」はどうやって踏み出せばよいのか

「改善したらいいことリスト」を作ってみる

日々、忙しく仕事をしていると、何か問題に気づいたとしても、それを行動に移せないということはよくあると思います。実行力を身につけていくために、まずはそこを変えるところから始めてみてはどうでしょうか。

行動を起こすために最も大切なのは、気づいたならばそのままスルーしないこと。私も普段から、何か気づいたことがあれば、その場ですぐに書き留めることを心がけています。いわば「改善したらいいことリスト」です。以前はここですぐに行動に移していましたが、最近はリストが長くなりがちなのと、一晩寝るとただの思いつきだったかなと反省することもあったりするので、数日分たまったリストを眺めたうえで、今一番優先すべきことはなんだろうと考え、「これだけは解決しよう！」と決めたことを実行に移していきます。

このノートには、課題と共に、「本当はこうしたらいいと思うこと」も挙げておきます。組織の中には時折、問題だけを指摘するのが得意な人がいます。しかしそれだけでは、なかなか組織や人は変わりません。課題解決のためにこうしてみるのはどうでしょう、と提案することで対話が始まります。

また、提案の際に私が気をつけていることが二つあります。一つは、なぜ今この時点でこういう制度があるのか、作った人たちの考えや背景に思いを馳せること。「恐らくこういうお考えがあってのことだと思うのですが……」と、相手の立場やこれまでの経緯を慮ったうえで提案をすれば、「分かってないなぁ」と一蹴されるリスクを軽減できると思っています。

もう一つは、自分の考えを唯一の解として提案するのではなく、相手の考える解を聞きながら、なるべく一緒に解決策を導いていくことです。こうすることで、実際に解と実行に移す段階で周りを巻き込みやすくなると思っています。

大きな目標は「実行可能な単位」に分解する

目標を立てても、それに向けて動き始めるのはなかなか難しいことです。「知見を広めるために留学をしてみよう！」「新しい分野に足を踏み入れてみよう！」など、せっかく何かをやろうという気持ちが芽生えたのに、なかなか始められないまま心にしまっていることはないでしょうか？　特に、自分にとって少し背伸びした課題だったりすると、そう簡単に着手できないということもあるかと思います。そういうときには、「実行可能な単位」に分解するという方法が有効かもしれません。

私の場合こういうとき、いきなり大きな全体像で考えるのではなく、まずは一つひとつ、クリアしなければならないことを細かく分解して、それをスケジュールに組み込んでいきます。例えば、大きな国際会議で初めてのパネルモデレーターを引き受けてしまい、しかもまったく準備期間を取れそうにないくらい直前の決定だったため、どこから手をつけていいのか途方に暮れてしまったことがありました。しばらくは漠然とした不安を抱えて、パネルで失敗する夢を見て夜中に起きてしまうほど（笑）。そしてそんな気持ちのまま日々が過ぎていくので、余計にストレスが溜まります。

そこでこうしました。①パネリスト一人ひとりのプロフィール調査、②国際会議の全体テーマに沿ったパネルテーマの考案、③各パネリストに関連する切り口の設定。こうしてみると、一つひとつの作業は実は30分程度で終わるものになりました。あとは会議当日までの自分の隙間時間に、これらの作業を埋め込むだけ。受験勉強の準備にも似ているかもしれません。

どこどこ大学を受験するために頑張る、という山は大きすぎて、登頂するイメージがなかなか持てないかもしれませんが、やるべき参考書を全部買ってしまい、まずはどの参考書をいつまでに終わらせるかを決める。その後で参考書ごとに章立てを見て、日数から逆算したらどのくらいのスピードで進めなくてはいけないかを考え、目次に日付を書き込んでいく。まさに、カナダから帰国して半年間で東大受験に備えなければならなかった私が、途方に暮れた中で編み出した方法でした。

できるパーツに分解して、計画を立てる。そのために時間をかけるというのは、一見回り道に見えるかもしれません。ですが、どこから手をつけていいか分からず途方に暮れているよりは、目的に到達する確率が高くなることは間違いありません。

生徒たちにも、実行力を育む機会を

UWC ISAKでは、生徒たちが自ら目標を立て、そこに向かって行動を起こせるような力を育むプログラムをさまざまな形で用意しています。その代表的なものが「プロジェクト・ウィーク」で、みずほフィナンシャルグループの長年のご支援により実現している取り組みです。毎年3月と10月、その1週間は通常授業がすべて休講になり、生徒たちは思い思いの取り組みに邁進します。特別なウィーク以外でも、通年プロジェクトの準備や推進をチームで行っています。

これは、他国のUWCでも行われている取り組みですが、他校では最初からある程度やることが決まっている場合も多く、ゼロから生徒たちが企画し、運営責任も生徒にあるような学校は少ないと理解しています。私たちの学校では生徒自身がゼロから課題を見つけることを大切にしているので、そのための時間も長く設けました。本格的にプロジェクトを動かしていく2年生と3年生では、16カ月にわたって実践する課程となっています。

こうしたプロジェクトベースの学習の土台となっているのが、週に1度の

「CAS」の授業です。この名称は「Creativity（創造性）」「Activity（活動）」「Service（社会貢献）」の頭文字を取っており、芸術や独創的な考えを伴う経験としての創造性、身体の鍛錬による健康的な生き方を追求する活動、無報酬のボランティア活動を行う社会貢献を実践しています。

生徒たちも最初から大きなプロジェクトを考えるのは難しいので、1年生はこのCASの授業で学校や寮生活など身近な課題に目を向けるところから始め、プロジェクト・ウィークで具体的にどんな取り組みをしていくかを固めていきます。

例えば、「衣類の廃棄」という全寮制の学校ならではのテーマを掲げた1年生のチームがありました。寮生活を送るうちにだんだん荷物が増えていく生徒たちが、学期の終わりに帰国する際、スーツケースに入らないからと、まだ使えるものを捨てて帰国せざるを得ないことに着目したのです。かたや、アフリカや南アジアなどの暖かい国から入学した生徒たちは軽井沢の気候に合った冬服を持っておらず、経済的になかなか購入する余裕がない奨学生も少なくありませんでした。

そこでこのチームは、両者をマッチングさせる方法を考案しました。校内に衣料品のリサイクルボックスを作り、それまでは捨てられていた衣類を、それを必要とする生徒たちが再利用できるようにしたのです。ありそうでなかった、とても画期的な取り組みでした。

このチームをはじめ、最初はそれぞれが日常の中で感じた小さな気づきから始まったものが、最終的に全校生徒に関わるような取り組みになっていくことは少なくありません。このように自分の中で考えを深め、チーム内で議論を重ねて、実行に移し、ある程度の結果まで出すという経験は、生徒たちにとっても自信につながり、新たな思いを形にする実行力の源にもなっていると思います。

身近な問題は、世界の問題にもつながっている

同じ高校でも、日本の進学校では3年生になると受験勉強を優先して、試験科目以外の活動を減らすところもあると聞きます。UWC ISAKでは、2年生・3年生になると、むしろこの「プロジェクト・ウィーク」の活動が本格化していきます。生徒たちは、週に1度、プロジェクトのために割り当てられた時間を利用するほか、月

に1度は対面またはオンラインでメンターによるフィードバック・セッションに積極的に参加します。それぞれの生徒が自主的に集まって活動することも多く、中には夏休みまで熱心にプロジェクト活動に精を出すチームもあります。

1年生のときに取り組んだテーマを、2年生や3年生になってもそのまま継続するチームもあれば、そこからまったく新しいテーマを立てるチームもあります。いずれにしても、身近なところから入った1年目の経験が、より大きなテーマに取り組んでいく2、3年目にも生かされていることは間違いないようです。

先ほどの「衣類の廃棄」をテーマにした1年生のチームは、2年目に向け、廃棄の問題は社会でも起こっていることに着目しました。このテーマは自分たちだけの問題ではなく、学校外でも応用できるのではないかというわけです。そこでチームは、テーマに関係がありそうな企業へのインタビューを始めました。

洋服のシェアリング・サービスを展開しているエアークローゼットや、工場と消費者を直接つなぐオンデマンド生産を実現したファクトリエの運営会社ライフスタイルアクセントなどのスタートアップ企業を訪ねて直接お話を伺い、自分たちに何ができるのか、リメイクした洋服でファッションショーを開催したりしながら、今もチーム内で試行錯誤しているところです。

校内だけに留まらず、学校の外でも適用できる可能性を秘めたものでは、ゲーミフィケーションを用いた節電プロジェクトに取り組んでいるチームもあります。このチームできっかけとなった問題意識は、「どうすればみんなに電気の無駄遣いをやめてもらえるか」というものでした。部屋を使っていないときに電気を消すよう呼びかけるだけでは、結局すぐに忘れられてしまい、持続可能な取り組みにはならないと考えたのです。

そこで生まれたアイデアが、「キャンパスの寮ごとに消費電力のメーターを表示させて、消費電力が最も低い寮は報酬をもらえるようにする」というものでした。ゲーム感覚で競い合う仕組みを取り入れて、節電へのモチベーションを喚起しようというわけです。これがもし実現したらどうなるのか、今まさに、消費電力を計測して表示するデバイスを導入できるように取り組んでいるところです。

このように、一見、自分の身の回りだけで起きていることに見える小さな問題も、視野を広げてみると、実はもっと大きな問題に通じていることに生徒たちは気がつきます。みなさんも、ぜひ日頃から小さな問題に目を向ける習慣を楽しんでみてはいかがでしょうか。今、みなさんの会社や身の回りで起こっている問題は、突き詰めて考えれば社会の大きな問題につながっている可能性もあると思うのです。

実際に取り組んでいる人たちと接点を持つことの重要性

生徒たちが取り組むプロジェクトのテーマは、構想を練るまでに6週間近くを費やします。そこでは、まさに内向きの問い=「自分が本当にやりたいことは何なのか」と外向きの問い=「世の中に必要とされることは何なのか」が出合うところを探るため、さまざまなタイプのプロジェクトの例を紹介する場も設けています。

例えば、上級生を呼んで、前年度に取り組んだプロジェクトの内容を紹介してもらったり、ときには日本や海外の起業家にメンタリングしていただき、実際に社会で活躍されているメンターの方々がどういった課題に取り組んでいるかを学ぶ貴重な機会を頂戴したりします。

また、企業の方と生徒たちで共に学ぶ機会に恵まれることもあります。企業の方が取り組んでいる最先端の技術についてプレゼンテーションしていただき、その技術をどのように社会へ実装できるかを、UWC ISAKの生徒たちとディスカッションするといったものです。そんなときは生徒たちから、「これは母国でそのまま展開できないと思う。なぜなら、こういう制度やこんな習慣があるからだ」といった率直な意見が出てきます。企業の方に感想を伺うと、「日本の開発現場では気づかない視点だった」「高校生とは思えない問題意識の高さだった」と評価していただいたりもします。

このような機会があることで、生徒たちは実社会で活躍している社会人と接点を持ち、最先端の技術や知見に触れながら、実際にプロジェクトを進めることの楽しさや醍醐味、そして難しさや苦労も知ることができるのです。

みなさんの中でも、やりたいことや具体的なアイデアが出てきたら、それに近いことを実践している企業や個人の方にお話を伺ったり、あるいは理念が近いプロジェクトでボランティアをしたりすれば、より自分自身のアイデアを深められると同時に、現実的な課題などにも向き合えるのではないでしょうか。

限られた時間の中で「できること」に注目する

壮大なアイデアを現実味のあるプロジェクトにするには

こうしてさまざまな方法で、生徒たちは自ら取り組むプロジェクトのアイデアを考案します。ある程度アイデアが出てきたら、まずはそれらをみんなで共有し、各生徒が特に興味のあるアイデアを絞り込んでいきます。

プロジェクトのアイデアにはさまざまな種類があり、起業的なものから社会貢献的なもの、リサーチ・ベースのもの、政策提言に関わるものまで多岐にわたります。ある年には50近いアイデアが出てきましたが、そこからアイデアを組み合わせたり生徒同士の投票で絞り込んだりして、最適なプロジェクトのテーマ、およびチームをつく

プロジェクトに取り組む3年生のチーム。授業の出欠や寮のチェックインなど、校内でバラバラだったソフトウェアを1つのプラットフォーム（イントラネット）に統一

っていきました。

そのとき教師は「このテーマがいい」と押し付けることはせずに、生徒たちから出てきたアイデアそのものを見て、実現方法も含め、より踏み込んだアドバイスをしながらサポート役に徹します。その後は、生徒たちが自分たちのアイデアを校外のメンターにプレゼンし、そのフィードバックをもらいます。一人の教師だけでなく、実社会で働く人からも率直なアドバイスを得ることはとても重要で、学びの多い貴重な機会になっています。

生徒たちにプロジェクトのアイデアを考えてもらうと、必ずと言っていいほど最初は壮大なテーマが出てきます。「アフリカにおける女子教育を推進したい」「日本でのLGBTQへの差別を撲滅したい」など、極めて野心的なアイデアもありました。こうした意欲や関心を持つことはとても良いことなのですが、限られた時間の中で実現できることと、そうでないことがあります。

ただ、無理だからとすべて諦めてしまうのでは、何も変わりません。予算や時間はどのくらいあるのか、どんなリソースがあるのかということにも改めて意識を向けながら、その壮大なテーマそのものには到達できなくても、教師はそこへ近づくための段階的な通過点を考えてみることを、生徒たちに勧めます。

例えば、日本でのLGBTQ差別は一朝一夕には撲滅できなくても、地元軽井沢に注目すればできることはあるかもしれません。あるグループはそうした考えのもと軌道修正をし、町会議員の方の協力を得ながら、町議会への条例制定の働きかけを行うことにしました。もちろん最終的に目指す壮大な夢も持ちつつ、まずはこうして可能な範囲から行動に移すことも大切にしています。

こうして時間をかけて、生徒たちはプロジェクトのアイデアを修正し、ブラッシュアップしていきます。その間、何人かの生徒は自分の意思で他のチームに移ることもあります。最終的にプロジェクトチームが決まれば、チームごとにプロジェクトのゴールや範囲を固めていきます。このとき、マッキンゼー&カンパニーなど戦略コンサルティング会社の協力を得て、プロジェクト・マネジメントやゴール設定についてのワークショップを提供することもあります。

私たちがこうしたプロジェクトを行っているのは、生徒たちの進路の幅を広げたり、将来の起業家育成につなげたいからだけではありません。自分なりに疑問に思っていることに対して行動を起こすという実体験を積む、その訓練として、こうした実践的なプロジェクトが役立つと考えているのです。

人は自分で思っているよりも、できる

UWC ISAKの生徒たちが実現したプロジェクトの中には、メディアで大きく取り上げられ、多くの方に注目されたものもあります。2015年の春、ネパールの地震が起こった直後に1年生のチームが立ち上げた「プロジェクト・ネパール」はその一つです。

これは、ネパール出身の生徒3人が母国のために何かしたいと考えたことから始ま

り、最初の計画は、軽井沢の駅前で募金を集めるというものでした。しかし彼らのアドバイザーは、その3人に「それは本当に今一番必要なことですか？　まずは母国の人たちにヒアリングをしてみたほうが良いのでは？」と問いかけました。

それを聞いた3人がよくよく調べてみると、そのとき世界中から集まっていた支援は首都カトマンズに留まり、本当に支援を必要としている震源地に近い山岳部の村にはどうやら資金も物資も行き渡っていないらしいことが分かりました。そこで、その状況をなんとかしようと、インターネット経由でクラウドファンディングを呼びかけることにしたのです。結果的に、世界中から400万円という資金が集まりました。

生徒たちはその資金で復興に必要な物資を購入して、自分たちの手で確実に現地へ運ぶことを選びました。カトマンズで購入したブロック塀などは、途中からラバに積んで村まで運んだといいます。奥地になると車で運べる道も満足に通っておらず、トラックを借りるためには莫大なお金がかかるため、それが最適なやり方だったのだそうです。半倒壊状態だったメディカルセンターを再建し、底を突きそうだった医療物資も補充しました。

そして、このプロジェクトは継続することにこそ意味があると考え、支援を教育と医療に絞り、学校や診療所の建設などを通じて、村人が自らの手で運営を持続的にできるような取り組みにしていきました。2015年度には、13の寺子屋と3つの医療キャンプを再建した成果が認められ、ネパールの元大統領に表彰を受けています。

しっかりとした構想は、未来に続く

それからも毎年、後輩たちがこのプロジェクトを引き継いでいます。日本政府の草の根無償の支援を受けてドクターカーを配備したり、近隣の学校の再建に取り組んだりしているのです。このように、プロジェクトの構想がしっかりしていれば後輩にも受け継がれ、持続していくことが稀にあります。

日本人の生徒が主導している「森林プロジェクト」も、後輩たちに受け継がれているものの一つです。初期メンバーの生徒たちは、長野地域一帯の林業が衰退の危機にあること、森林が地域のコミュニティ資源になり得ることに注目し、学校のコミュニティと地元住民のコミュニティを森林によって結びつけられないかと考案しました。

彼らは、林野庁と交渉して、学校に隣接する国有林を無償で貸与を受ける契約を取り付けました。次年度の生徒たちに森が受け継がれると、問題意識が「学校と地域を森でつなぐ」から、「森が持つパワーと人間のウェルビーイングとの関係」にシフトしました。地元の信州大学などの協力を得つつ、森林で過ごす時間の多い生徒とそうでない生徒との間に、どのような精神的あるいは肉体的な差が生まれるのかを、科学的に解明しようと動き始めています。これまで感覚的にしか共有されてこなかった自然教育のインパクトが証明されれば、教育界に重要なメッセージとなるのではと期待しています。

いずれのプロジェクトも、「高校生だからこのレベルまでしかできないのではないか」という呪縛から、生徒自身が、そして周りにいる大人たちも、解き放たれることで当初想定していたよりもプロジェクトのスケールがはるかに大きくなっているのが特徴です。

私たち大人も、「今の自分にはこれしかできないから」と決めつけずに、できることから一歩一歩、でもその先に実現すべき夢ははっきりと大きく持って、果敢に歩んでいけたらと思います。

行動する癖をつける

プロジェクトは、うまくいくときもあれば失敗に終わることもあります。チームの中には、一生懸命に地元軽井沢を盛り上げようと活動し、自らポップアップストアや週末だけのサイクリング観光客向けの足湯などを企画したものの、結果的にお客さんがほとんど来なかったといった例もありました。

しかし、それがどのような結果でも、行動から学べることはたくさんあります。成果が出れば、それが成功体験となって自信がつきます。もしその思いが空回りに終わってしまっても、それで人生が終わるわけではありません。思うような結果が出なかったら、一度テーマを見直し、また別の角度から取り組んでみればいいのです。それもまた、粘り強さや再起する力を養うことにつながります。

いつも生徒たちの取り組みを見るたびに、そこに無限の可能性があると感じます。やる気さえあれば、年齢も関係ありません。教師から「今年はこれをやりましょう」と言われてやらされるのではなく、自分たちが本当にやりたいと思うことに取り組むので、打ち込み方もまるで違います。何より、自分にも変化を起こせるのだという実

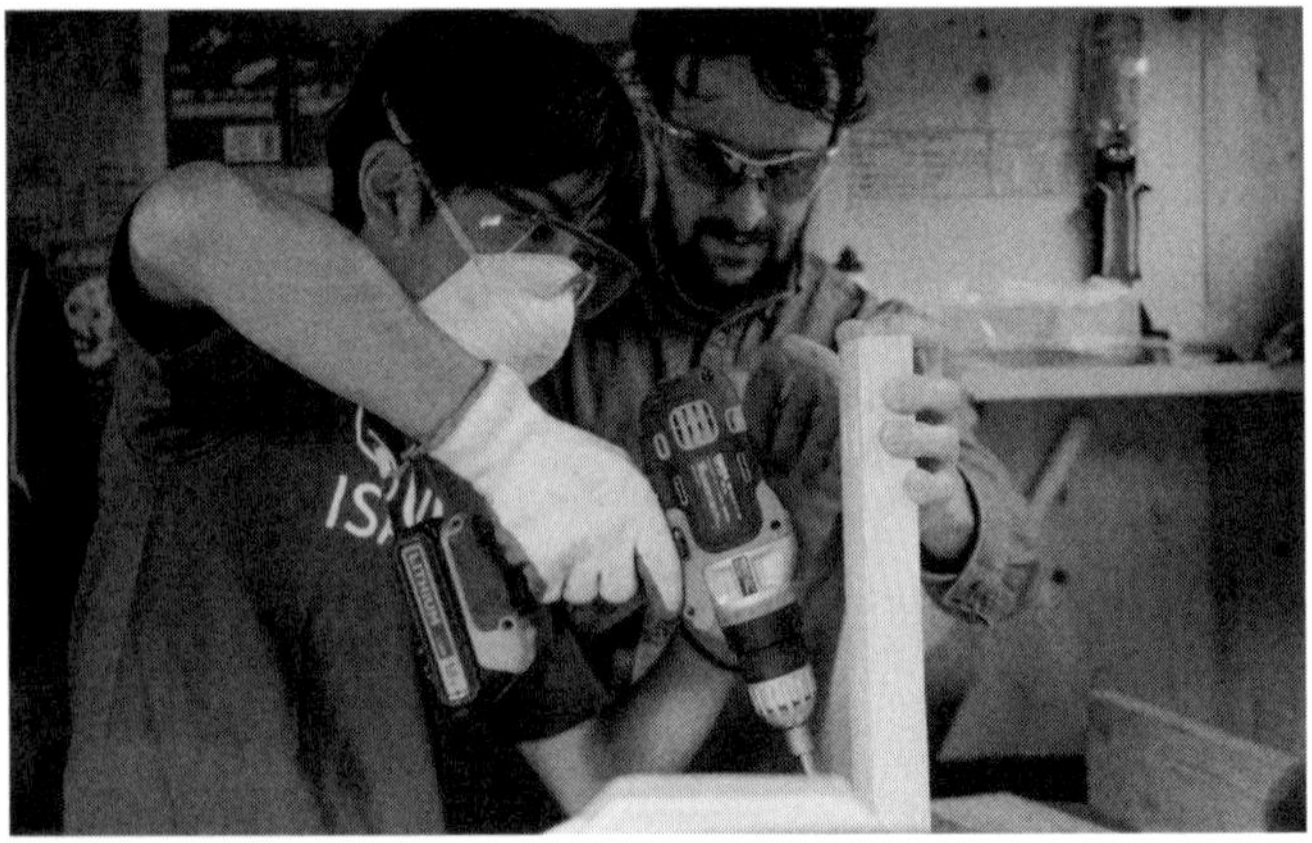

3Dプリンターやレーザーカッターの作業小屋も、生徒がDIYで建てる

感が持てれば、その後どんな分野に進もうとも大きな力になるはずです。

行動する癖がつくと、生徒たちはプロジェクト・ウィークだけでなく、学校のあらゆる場面で行動を起こすようになります。開校5年目のときには、こんなことがありました。ある生徒が校則違反をしました。教職員が決めた処分やその発表の仕方に不服を持った生徒たちは、次からは「自分たちもその過程に関わりたい」と申し出たのです。

この提案を学校側は受け入れ、生徒たちは自ら方針や基準を策定。違反した学生がどの段階にあるのかを判断し、過去の行動なども踏まえて、今回はこの処分が妥当ではないかと教職員に進言できるプロセスが導入されることになりました。校則といえば上から降ってくるもの、処分といえば大人に下されるもの、という概念を壊したのです。

会社でも、組織や制度のせいにしたくなることはたくさんあると思います。しかしそれを見て見ぬ振りをしたり、陰で文句を言っているだけでは何も変わりません。自ら行動を起こす、変化を働きかけてみる、という癖を身につけていきたいものです。

「結果的に」世の中を変えていく

新しく何かを始めるときに難しいのが、「自分のやりたいこと」と「世の中で必要とされていること」のうち、どちらか一方だけで動きがちになることです。片方だけでは、なかなか継続できません。内向きの問いと外向きの問いはどちらも大切なのですが、まずは自分のやりたいことがあって、それを実現していくことで結果的に世の中も変えていく、そういった流れが望ましいと私たちは考えています。

起業家の例を挙げれば、ミドリムシを軸に微細藻類の研究開発などを行っているバイオベンチャー、ユーグレナを創業した出雲充さんなどは、内向きの問いも外向きの問いも両立している最たる例だと思います。出雲さんとは7〜8年前に若手経営者が集まる会で知り合って以来、実は同郷のよしみもあってずっとお付き合いしていますが、恐らくあるきっかけがなければ、彼は「ミドリムシに魅せられた研究者」で終わっていたかもしれないと、よくご本人もおっしゃっています。

ミドリムシというのは動物と植物の両方の性格を備えた特異な生物なのですが、出雲さんはバングラデシュに行って貧困を目の当たりにしたとき、「ミドリムシが栄養不足問題の解決策になるかもしれない」と気づいたのだそうです。もともとミドリムシが好きで培養していた自分の関心ごとと、外向きの問いが交差した瞬間でした。その後、そのミドリムシから、食料不足や燃料不足の解消につながる研究が進められ、世界はどんどん広がっていきました。ミドリムシ好きが高じて、結果的に社会を変える活動につながったのです。

もちろん、出雲さんが成功するまでには、ものすごく苦労されたというお話も聞いています。「ミドリムシが食糧難もエネルギー難も解決する」という話をすぐに信じてくれる投資家は当初は皆無で、1社目の出資者に出会うまでに500社近くと面談したそうです。それでもくじけずに突き動かされたのは、それが自分の心底やりたいことだったからだとご本人もおっしゃっています。好きなことであると同時に、強く信じていることだからこそ、いろいろな障害にぶつかり、挫折の危機に直面しても、それを克服していくことができたのだと思います。

こうした考え方は、どんな企業の取り組みにおいても言えるのではないかと思います。いくらトレンドに合致し、市場があるからといっても、最終的にはそれを本当に信じて取り組んでいかない限り、変革を起こすまでには至らないのではないでしょうか。こうした出雲さんのような事例が増えていけば、日本はもっと面白い社会になると私は思っています。

それでも「はじめの一歩」が踏み出せないときに

兼業や副業でチャンスを引き寄せる

最近では一般企業でも兼業や副業が奨励されるようになり、「やりたいこと」を見つけるうえで、刺激を受けられる環境に身を置きやすくなっています。これは、自分の興味はどこにあるのかを模索していくうえでも大きなチャンスになると思います。

私自身は本業を通じて、転職を重ねながら、長い時間をかけて自分が「これだ」と思う方向性を見つけてきました。しかし、そのときには「これだ」と思って転職しても、後でそれが違ったとなれば、そこからまた就職活動をやり直すことになり、かなりの時間と労力がかかってしまうことをリスクと捉える人もいるかもしれません。でも、生活のために仕方ないと割り切って本業の仕事をしているうちに夢や理想は二の次になって萎んでしまうという、別の意味でのリスクもそこには潜んでいます。

もしも今、何かやってみたいと思っていることが漠然とでもあるなら、まずは兼業や副業の形で経験してみてはどうでしょうか。ある程度時間をかけてこの方向性でいいという確信を持ってから、それを本業にできるように少しずつ軸足を移していく方法もあると思います。

UWC ISAKのスタッフの中にも、そうやって自分のやりたいことができる状況を引き寄せてきた人がいます。彼女はもともと教育に興味はあったものの、学校に就職するのはどうも違うと感じ、最初はコンサルティング会社（のちに金融）に就職しました。しかし、その後も教育への思いが捨てきれず、私たちの学校で5年間ボランティアをすることになります。そこからやはり自分は教育分野に行くべきだという思いが固まり、大学などでカリキュラム開発をすべく転職。その間も職場と交渉し、生活の安定や立場を確立しながらボランティアや教育コンサルを継続。こうして11年かけて、彼女は少しずつ教育界に軸足を移し、最終的に本校に主軸を置く一員となってくれたのです。

ここで一つだけ付け足しておきたいのは、「今の仕事が自分に合っていないのは職場の環境が悪いからだ」と、そこから逃げるためにする転職は、本当の解にはならないだろうということです。逃げてしまうと、結局どこへ行っても合うところがなく、同じことが繰り返されてしまう例をいくつか見てきました。そこから逃げるのではなく、むしろ自分がやりがいを感じて働けるように周囲に働きかけ、環境を変えていくという解もあるのではないでしょうか。

重要なのは、そこに自分の問いがあるかどうかです。自分がやりたいと思うことや問いがそこにあり、その答えを探すための転職や兼業になるのであれば、思い切ってチャレンジしてみる価値はあると思います。

自分だけの「問い」から、みなが共感できる「問い」へ

大きなプロジェクトになればなるほど、志を共にする仲間の存在は大きくなります。「これは解決しなければいけない課題だ」「ぜひとも私が取り組みたい」と思うことを見つけても、もしその考えに誰も共感してくれなかったら、やっぱり実現は遠のきま

す。孤軍奮闘しても、ただの自己満足に終わってしまう可能性があります。

ＵＷＣ ＩＳＡＫではチェンジメーカーの育成を学校のミッションとして掲げていますが、ポジティブな変革をもたらす役割を担うためには、自分の立てた問いを世の中に役立つ形にして、他の人たちも一緒に取り組めるようなものに転換していく必要があると思います。

そこで実践している授業が「リーディング・ウィズ・アザーズ（他者と共に導く）」です。２０１１年のサマースクールから参画し、共にこの学校を形にしてきた仲間でもある教師のブレンダン・マクギボンが開発しているプログラムです。これは前章で紹介した「リーディング・セルフ（自己を導く）」と対になっていて、内向きの問いを外へ向けて発展させるとき、いかにして他の人の意見を生かし、仲間を巻き込んでいくかということに通じています。

この「リーディング・ウィズ・アザーズ」には、「デザイン思考」のアプローチが用いられています。アメリカ発のデザインコンサルティング会社のＩＤＥＯや、スタンフォード大学のd.schoolなどが用いている考え方で、今、多くの企業がイノベーションを起こすために導入しているものです。

デザイン思考では、自分のやりたいことを形にするために、まず対象となる人々のニーズを学び、問題を見極め、どのようなソリューションがあるのかを洗い出し、実際にプロトタイプをつくって試し、その検証をもとに改良していくというステップを踏みます。IDEO Tokyoのデザイン・コンサルタントのみなさんには、立ち上げ当初から生徒たちにこのプロセスの真髄を直接教えてもらう機会を毎年のように設けていただいています。

プロジェクトを立ち上げるに当たって重要なのは、特に最初のニーズ把握のフェーズです。それが問題の設定につながっていくからです。対象者へのインタビューは、表層的なレベルの質問から、その行動の背景にあるものを読み解く深いレベルの質問まで掘り下げて設計されます。加えて「リーディング・ウィズ・アザーズ」の授業では、このプログラムを通じていかに他者と共働していくのか、うまく物事が進まないときにどう軌道修正すべきか、といったことについても実践を通じて体得していきます。

リーディング・ウィズ・アザーズ：生徒たちが実際に取り組んだ課題の例

ここでは「リーディング・ウィズ・アザーズ」の授業を通して学んだことを、生徒たちが実際にどう生かしたか紹介したいと思います。デザイン思考の中のニーズ把握のプロセスについて、少しでもイメージを摑んでいただけたら幸いです。

台風で被災したキャンパス

人々のニーズを見極めるには、良質なインタビューが欠かせません。良いインタビューは、参加者と相互の信頼を築くことで、安心して自由に交流することを促す心の状態をつくります。その結果、参加者が何を欲しているかだけでなく、何を必要としているか（＝ニーズ）を見極めることができます。この考え方は、ＵＷＣ ＩＳＡＫが台風19号で被災した際にも役立ちました。

２０１９年の台風19号の影響でキャンパスが停電になったとき、生徒は教員と一緒に、共感を大切にしたインタビューを行いました。彼らは授業で学んだインタビューのアプローチを活用し、自分たちのコミュニティが何を必要としているのか、そのニーズを探ったのです。その結果、今、自分たちのコミュニティには、当面の食料や電力の確保といった物質的な緊急のニーズに加え、自分たちが安全であるという感覚を得ることも重要だということ、そして、そこでただ無力感に打ちのめされているだけではなく、自ら行動していく主体性も必要であるということを、改めて自覚することができました。

インタビューの後は、生徒たち自らが、こうしたニーズに基づいてソリューションを洗い出していきました。例えば、キャンパスの電力に関しては、施設管理部の職員と協力しながら電力会社に連絡すると共に、発電機を調達し、当面の電力用途を明らかにして優先順位を設けること。食料は、キャンパスで給食を提供する会社と相談しながら、冷凍庫にある食材を活用すること。敷地内の安全性確保には、倒木のリスクのある木を特定し、瓦礫やごみを取り除くこと。生徒の精神的サポートのためには、常駐のカウンセラーに個別に相談できる時間を設けたり、個人が落ち着いて静かに過ごせるスペースを確保したり、近隣へのハイキングやゲームもデザインされました。

また、こうした緊急事態中にこそ主体的に行動したいという生徒たちは、有志の「問題解決チーム」をつくり、考案されたソリューションを実行に移していったのです。

混雑したカフェテリア

多くの問題は複数の視点を含んでいるため、問題を一つの視点でしか捉えることができなければ、他の人と揉めることにもなりかねません。チームで問題を解決するには、共有された目的のもとで、さまざまなニーズを見極める必要があります。

UWC ISAKでは、生徒や教職員が毎日食事をとっているカフェテリアの混雑が問題になっていました。そこで、ある生徒たちはチームをつくり、問題に対してどんなニーズがあるのかを、タイムラプス・カメラを使って調べました。経時撮影した動画を早送りすることで、どのポイントが最も混み合い、人の流れが滞っているのかを見つけることができるというのです。

生徒たちは、カフェテリアの列やその場所ごとに、起きていることが違っているのに気がつきました。ある場所では生徒たちが熱心におしゃべりをし、また別の場所では、利用者たちが「日替わりランチ」が売り切れないかを気にかけながら並んでいました。さらにこのチームは、近隣のアウトレットモールのフードコートに足を運び、別の環境では列の混雑がどうなっているのかも観察しました。

その結果、列の配置を工夫したり、「日替わりランチ」の引き換えコインを手前に設置したりするなどして、列の待ち時間を減らしつつ、10代の生徒たちには必要なおしゃべりを許容することを両立したのです。

仲間と共に歩むということ

主体性はどのように引き出せばいいのか

取り組むべき課題が見え始め、仲間もできて、アプローチに関する仮説も立てられたら、いよいよ前に進んでいく局面です。私が講演会などに伺うと、業界や企業を問わず、管理職や幹部の方々から、「自分はやる気があるのだが部下が動かない」「部下に自ら新しいことをやろうという気持ちが感じられない」と相談されます。

相手に主体性を持って動いてもらいたいときに、上司としてはどのように声をかけ、何をどこまでサポートすればいいのか、悩む方も多いのではないでしょうか。これは上下関係なく、チーム一丸となってプロジェクトを進めていくときに、推進者が悩みがちなことだと思います。

自ら動き出せない相手に対して、どこまで信じて任せればいいのか。どんなふうに介入すると相手の主体性を削ぐことになるのか。これは、意外と教えてくれる人がいない根深い問題かもしれません。

UWC ISAKでも、プロジェクトをはじめとしたさまざまな場面で生徒たちが主体的に動けるよう、教師はその背中の押し方をよく考えます。「今のままでは結果につながりにくいから、もっとこうすればいい」と指示してしまえば、はるかに楽なのですが、それでは生徒自身の力になりません。そうしないようにすることは、なかなか骨が折れるのです。

本校でプロジェクトによる学習を主導している教師のジョリオン・ヒントンは、こう語ります。

「通常の学習では、やるべきことはあらかじめある程度決められています。それをこなすスケジュールも定められています。生徒たちは、ボートに乗っているようなもの。ボートは川の流れに沿って進み、生徒たちは自ら簡単な舵取りをすれば大抵うまくいきます。

しかしプロジェクトでは、生徒たちはまだ何も決まっていない、まっさらな状態からスタートします。生徒が何をするのか、教師が決めることはありません。確かに教師は生徒を導きますが、彼ら、彼女らの選択を尊重します。もし教師が介入するとしたら、それは生徒の活動が安全ではない場合か、学校の評判を貶めるような不適切なものである場合に限られます」

思い切って権限を相手に委ねてみる

その匙加減は、恐らくビジネスにも応用できるのではないでしょうか。絶対に守るラインを考えながら、いかに相手の選択を尊重して見守るか。上司は、そういう度量を試されるところがあると思います。

人は、任されなければ自ら行動はしません。まだ経験が浅いから彼や彼女にはできない、というばかりでは、そのチームメンバーが主体性を持って行動する芽を摘み、成長の機会を奪ってしまいかねません。

過去には日本にも、欧米に追いつけ追い越せで突き進んだ高度経済成長期をはじめ、明確な目標が見つけやすい時代もありました。しかし経済的にも成熟を迎えた今、先行きの見えない不確かな時代に突入して、「これをやれば大丈夫」というものがなくなり、「何で自分はこの仕事をしているんだろう」と立ち止まって考える人が増えているのを感じます。

かつてはリーダーが目標を掲げ、一方的にそれを伝達し、それぞれにリーダーの指示通りに動いてもらう、という方式が多かったかもしれませんが、昨今、人はそういう方法では最大の力を発揮することが難しくなっているのではないでしょうか。

思い切って相手に権限を委譲し、うまくアウトプットできるようにサポートする。万一失敗すれば、責任は自分が取る。このようなリーダー像が、今の社会では求められているように思います。

周りに「行動する仲間」がいるかも大事な要素

直接的にプロジェクトで共働しなくても、前へ進むことを後押ししてくれる仲間もいて、彼らの存在もとても重要だと感じています。

世の中には、3種類の人間がいると言われます。おかしいと思っても何もしない人、文句を言うだけの人、そして、行動する人です。実は世の中の多くは「何もしない人」か「文句を言うだけの人」で、文句があるなら自ら働きかけてみようと「行動する人」というのは、なかなか貴重な存在であるように思います。もし、みなさんが動き出したい、動き続けたいと考えているのなら、周りにいる「行動する人」を、ぜひ味方にしてください。私自身、人生の節目で助けてくれたのは、この「行動する人」たちでした。

私が日本の大学を卒業して最初の就職先に選んだのはモルガン・スタンレーでしたが、級友たちには「何で外資系の金融?」「日本銀行とかじゃないの?」「政府系機関は受けないの?」などと言われたものです。その後、ベンチャー企業に転職したときにも、「なんていうタイミングで転職したの!?」と言われましたし、いわば4度目の転職となった学校設立に向けた活動に関しては、もう「何それ、正気!?」という反応がほとんどでした。

私にとっては、熟慮を重ねて自分なりの判断基準や価値基準に基づいて決めている進路なのですが、それでもあまりに反対意見ばかり聞かされると、少し不安にもなってきます。でも、中にはいつも私自身の判断を理解しようとしてくれた友人もいました。最後に学校設立の話をしたときには、彼らは「これは、お前がずっとやりたいと言っていたことだと思う！」と、力強く背中を押してくれました。

そういう節目に前向きな意見をくれた同世代の友人は片手に収まるくらいしかいませんが、彼らもやっぱり、それぞれに自分の道を突き進んできた人たちでした。

例えば、大学時代からの親友で、将来を嘱望されていた経済産業省を辞めて、国政に出馬して失敗しても、政治を諦めず今は三重県知事として大活躍している鈴木英敬さん。新卒で就職したコンサルティングファームを2年で辞め、ネット系の投資会社やハーバード経営大学院への留学などを経て、ライフネット生命保険を設立したことで知られる岩瀬大輔さんも元同級生です。モルガン・スタンレー時代の同僚で、楽天イーグルスの立ち上げメンバーになったり、ビズリーチを起業して、今は同世代を代表する起業家の一人になっている南壮一郎さん。彼らには、これまで何度助けられたか分かりません。出会った頃は皆、血気盛んなだけの（？）無名の若者でしたが、いつも私に「いいじゃないか、一度しかない人生だから自分らしく生きようよ」と勇気をくれた人たちでした。

「自分の信念に忠実に生きている人」を探そう

確かに、何かやろうとしている人に反対意見を言ったり、いくつかのリスクを指摘したりすることは、マイナス面ばかりではないと思います。気づかなかった視点を得て、ハッとさせられることもあります。でも、中にはリスクばかりを挙げて、はなから何も理解しようとしない人も少なからずいます。

もし本当にみなさんが「はじめの一歩」を踏み出したいと思っているなら、自分の信念に忠実に生きている友人の助言を大事にすべきだと思います。そういう人は、恐らく自分自身も苦労した経験から、周りがどんなに反対していても、多少のリスクを取ってでも何かを実現したいと思っている友人の思いを理解し、それを後押ししようとしてくれるはずです。

また、人脈や仲間づくりのアドバイスとして、「10歳上と10歳下の友だちを持て」とも言われますが、私もこれは言い得て妙だと思っています。10歳上の友だちは、10年先に自分はどうなり得るのか、同じような立場になったときにどんなことが起こり得るのか、今からどう自分を磨いていけばいいのかを教えてくれます。

そして10歳下の友だちは、10年前に自分がしていた苦労や初心を思い出させてくれます。我が身を振り返りながら、自分もしてもらったように若い人たちを応援することは、彼ら、彼女らのためでもありますが、自分がいつまでもフレッシュで野心的でいられるエネルギーの源にもなる気がします。また変化の目まぐるしい時代においては、年下の人たちから教わることのほうが多いときもあるでしょう。自分の受けた恩を、また他の人にお返ししていくことを「ペイフォワード（恩送り）」と言いますが、自分が苦労したことや、たくさんの方に支えてもらってきたことを、次の世代にも伝えていく良い循環ができればいいなと思っています。

ケーススタディ

成田悠輔

Narita Yusuke

イエール大学助教授

東京大学を卒業後、マサチューセッツ工科大学（MIT）にて博士号を取得。

現在はイエール大学助教授、スタンフォード大学客員助教授、一橋大学や東京大学の特任准教授・講師、ヂンチ共同代表として研究に従事。

データ、アルゴリズム、数学を組み合わせて世の中の市場や制度をゼロから設計する「社会制度設計」と、世の中から出てきたデータを使って世界を織りなす因果関係を見つけ出す「因果関係も見通す機械学習」を専門分野とし、教育から広告まで縦断する社会科学者。

共訳著に『ゲーム理論による社会科学の統合』『学校選択制のデザイン』（共にNTT出版）など。

常識に縛られないユニークな発想を形にしていく

私が成田さんと出会ったのは、米イエール大学にワールド・フェローとして招聘された2017年のことです。教育をテーマにした講演で一緒に登壇したのですが、成田さんのプレゼンテーションには本当に度肝を抜かれました。私の第一印象は……「何なのこの人、ケンカ売ってるの⁉」でした（笑）。

他の方たちが教育の重要性について熱心に語る中で、成田さんはほとんどその真逆をいっていました。米国のデータをもとにした研究を、痛快な4コマ漫画と共に発表し、「名門大学で学ぶこと自体には、それほど統計的有意な効果が見られない。教育なんて本当は意味がないのではないか」という仮説を展開したのです。言っていることとは対照的に物腰はとても柔らかく、優しい眼差しが印象的なのですが、その視点はとてもユニークで、話がとにかく面白いのです。学生から大人気だというのも納得でした。私は講演後、すぐに成田さんと連絡先を交換し、日本に帰国してからもときどきお会いするようになりました。

成田さんは東京大学経済学部を卒業後、そのまま東大大学院に進んでいます。将来を嘱望されていたにもかかわらず、「もっと自由な研究がしたい」と日本を飛び出し、アメリカのマサチューセッツ工科大学で博士号を取得。そして、30歳にして、イエール大学の助教授になるのです。

一見すると文句のつけようのない立派な経歴ですが、実は成田さん、中学・高校時代は不登校だったといいます。学校に行っても学んでいる気がしないと、毎週のように山登りに行っていたのだとか。自然の中に身を置き、自分と向き合う時間を持って、自分のやりたいことを突き詰めて考えた末にたどり着いたのが、経済学でした。

「なぜ、経済学なの？」と聞いてみたところ、「社会の問題を何でも放り込める〝闇鍋〟みたいだから」という、これまた成田さんらしい答えが返ってきました。彼は日本や東大を飛び出し、多様な価値観の中で揉まれながらも自分流を貫き、結果として自分が活躍できる場をつくったわけです。先日も日本経済新聞の「やさしい経済学」で、彼が常識を覆すような持論をデータと共に展開して物議を醸していましたが、あの若さであれだけの発信力を持ち得たのは、彼が若くして日本を飛び出したからにほかならないのではないでしょうか。

実は最近、成田さんにもご一緒いただいて取り組んでいる一つの試みがあります。2019年の4月に立ち上げた、教育界のアントレプレナーを応援するアクセラレーター事業です。教育改革というと、政府の規制緩和や制度改革にばかり期待してしまいがちですが、私たちは、現場で起こる破壊的創造の積み重ねこそが、大きなうねりをつくるのではないかと考えています。この事業では、自治体や国内の教育事業関係者に、私たちが持つ海外の知見や人脈を結びつけたり、分野横断的にネットワークを構築して広報やファンドレイジングのお手伝いをしたり、はたまた事業をゼロから立ち上げる場合には優秀な人材を紹介したりしながら応援する活動を行っています。教育経済学を専門として、事業の効果測定などを専門にしている成田さんにも、アドバイザーとして入っていただいています。

成田さんは専門知識もさることながら、その常識に縛られないユニークな発想にはいつも驚かされます。例えば、教育関係者にとって「教育効果の見える化」は大きな課題ですが、従来その調査は学力テストやアンケートで行ってきました。そんな中において成田さんは、「教室中にカメラをつけて画像解析をし、笑顔率で教育効果を測ろう」なんて、実に斬新な提案をしてくるのです。さらに、「こんなふうに効果を測定して指標をつくることは、学力テストに代わるもう一つの画一的な指標をつくることにつながり、子どもを縛って不幸にすることになるんじゃないか」という問題提起までされます。

彼のような深い思考力を持つ人の探求と、社会のニーズとが合わさったとき、その接点では何かものすごい化学反応が起こるのではないか——。そんな気持ちで、いつもドキドキしながらご一緒させていただいています。

第3章　真の多様性とは何でしょうか？

✓世間では「多様性」が重要だと言われているけれど、
正直あまり実感がない。

✓女性や外国人の採用を増やしてみた。
でも、社風に変化が見えない。

✓多様性を意識したからって、
本当にイノベーションなんて起きるの？

みなさんの中には、今さかんに言われている「多様性」「ダイバーシティ」という言葉に、どこかピンと来ていない方もいるかもしれません。私も講演会などの質疑応答で、「多様性には実際どんな効果があるの？」とよく聞かれます。ただ単に女性の社員を増やすことや、外国人の登用をすることが多様性だと考えている方も少なくないようです。

しかし、本当に意味のある、イノベーションを起こせるような力を秘めた多様性を実現するためには、「女性」や「外国人」といった見た目だけの多様性ではなく、その多様性を受け入れるだけの器となる価値観、意識からの変革が不可欠だと思っています。これまでに聞いたことのないような斬新なアイデアにも耳を傾け、リスクを取って実現に動こうとする人材を後押しし、自分とは違う観点から発言をするチームメンバーの意見を「変だな」ではなく「面白いな」と受け入れる。そんな文化こそが、真の多様性を実現する肝になっていくと思います。

今、UWC ISAKで形成されている多様性も、単純に外国からの留学生をたくさん入学させているから実現できたものではありません。この章ではそれぞれに生きてきた背景が違う生徒たちを私たちがどのような姿勢で受け入れ、その多様性から実際に生徒たちが何を学んでいるかについて、紹介していきたいと思います。

表層的なダイバーシティを超えて

「多国籍＝多様性」ではない

ＵＷＣ ＩＳＡＫは、ダイバーシティ（多様性）を大事にしています。学校において「ダイバーシティ」と耳にすると、多くの方は「いろいろな国の生徒たちが集まった国際色豊かな学校なんだな」と想像されるでしょうか。確かに、私たちの学校では現在世界83カ国・地域におよぶ生徒たちが学んでいるのですが、そこにあるのは国籍の多様性だけではありません。社会経済的な背景や、宗教観や歴史観、あるいは文化的背景の違いを内包した豊かなダイバーシティがあります。

これは潤沢な奨学金によって実現可能になっています。インターナショナルな学校というと、学費が高いイメージがあるかと思います。私たちも例外ではありませんが、実は全額自費で学んでいる生徒は3割ほどしかいません。200人の生徒のうち約7割が学費の一部、または全額の奨学金を受けています。この奨学金は給付型となっており、返済の必要はありません。そして、奨学金の給付が受けられるのは発展途上国からの生徒に限りません。日本人の生徒も40人ほどいますが、その半数近くが世帯年収に応じて何らかの奨学金を受け取って、就学の機会を得ています。

私たちはいつも、どのような環境に生まれた子どもであっても、意欲があれば学ぶチャンスが与えられるべきだと考えてきました。そしてこうした深いダイバーシティの中でこそ、学べることが多いという信念を、開学当初から持ち続けてきました。

同じ国の中でも生まれる分断

質の高い、そして少人数の教育は、どうしても学費が高くなります。海外から教師陣を招いて生活費も補助したりするインターナショナルスクールは、なおさらその傾向にあります。結果として、生徒の多くがその国の富裕層と呼ばれる家庭の子どもで、外交官や海外駐在員の子女など、ごく限られた経済的環境にいる生徒が集まる場になることが少なくありません。国籍は多くても、生活水準が似通った家庭の子どもが集まることになります。

もちろん、それでも母国とは違う国を知る貴重な異文化体験はできると思います。ただ、ここで体験できる多様性は、世界に渦巻く多様性のごく一部でしかありません。昨今見られるような世界各地の紛争や分断は、必ずしも国境を巡るものだけではなくなってきています。

同じ国の中でも、富める人とそうでない人が分断される。国境を超えて、宗教観の違いが争いを生む。はたまた歴史観の違いが人々を隔てる。より複雑な価値観がぶつかり合い、お互いを否定したり拒絶したりする世界になりつつあります。

そんな中だからこそ、国籍だけでなく、真の多様性の中で子どもたちが共に学び生きることが、これまで以上に重要になってきている気がします。画一的な、あるいは同質的な世界観の中だけで生きていると、所得、宗教観、歴史観、政治観などにどうしても偏りが生じてきます。これが、教育現場に本当の多様性が必要だと、私たちが考えている理由です。

社会においても、これは重要な観点なのではないでしょうか。アジアで新規事業をやりたい、アフリカに進出したい、そう思ったときに現地の人を採用したり、現地法人とジョイントベンチャーを立ち上げたりして、彼らから学ぼうというのは今でもやられていることだと思います。女性向けの商品やサービスを売るのであれば、チームに女性がいなければ話にならないと多くの人が考えるはずです。ただ、そういう表面的に分かりやすい多様性が仮に実現できていても、結局のところ同じような環境で同じような価値基準の中で何十年も一緒にやってきた仲間ばかりで意思決定がされている間は、新しい発想や視点に出合える確率は低いのではないでしょうか。

国と国の前に、人と人として出会う経験

ＵＷＣ ＩＳＡＫでは、例えばインドとパキスタン、イスラエルとパレスチナ、中国とチベット、そうした国や地域から来た生徒たちが教室で机を並べ、お互いに一人の人間として対話する機会が生まれます。そこでは日本人を含めた他の生徒たちも、今まで想像すらしなかった世界の話をクラスメートから聞くことになります。彼ら、彼女らはときに大きな衝撃を受けますが、それこそが真のダイバーシティであり、

「自分は何者か」を問うきっかけにもなっていくのだと考えます。

イスラエル出身のある生徒は、「パレスチナの子は、見たことも話したこともなかった」と言っていました。しかし、UWC ISAKでのパレスチナ人同級生との出会いによって「本当に世界の見方が変わった」と振り返ります。

「自分が自国で得ていた情報は、限られた側面だけが切り取られていたのかもしれない」と。そんな彼は卒業後、全額奨学金を得てイエール大学でリベラルアーツを学ぶことになりました。

「僕は正しい情報を世界に発信していきたい。だから、ジャーナリズムの道を目指します！」と使命感に駆られながら目を輝かせる彼の言葉を聞きながら、私たちも改めて、自分たちがつくり出している環境のパワーを目の当たりにした気がして、心が震えたのを覚えています。

会社でも、男性ばかりだったチームに女性が入ってきたとき、日本人ばかりだったチームに外国人が入ってきたとき、どうしても表層的な違いが目の前に立ちはだかり、身構えてしまうかもしれません。

しかしその人がどういう人なのか、提案しているアイデアは冷静に考えたらどのくらい突拍子もないことなのか（あるいはそうでもないのか）。イスラエルの生徒がパレスチナの生徒に対してそうであったように、目の前にいる「人」を個人として受け入れ、先入観から解き放たれて耳を傾けることが、極めて重要だと考えています。

日本だから学べることもある

世界中から集まる生徒たちの多彩な顔ぶれや、生徒主導型で活発に発言や議論が繰り広げられる授業の雰囲気から、よく「日本の学校じゃないみたい！」と言われるＵＷＣ　ＩＳＡＫですが、実は日本的な要素もとても大切にしています。

せっかく日本で学校をつくるのですから、日本人が大事にしてきた価値観や生活習慣の中からも、良いものは積極的に取り入れていきたいというのが、学校設立を計画した当初からの私たちの思いでした。

一例として、建物の中に入るときには靴を脱ぎ、げた箱に入れるという習慣を取り入れています。靴のまま生活をする文化圏の生徒たちにとっては、脱いだ靴をきちんと揃えるということすら大きなカルチャーショックのようです。

でも、学校の決まりごととしてこの習慣を実践し始めると、泥や砂など外の汚れが部屋の中に持ち込まれないことから、清掃も楽になることに気づきます。ときどき乱雑に脱ぎ捨てておいたりすると、後から自分の靴が見つけにくくなったり、他の人の邪魔になったりするということも分かってきます。

昼休みには、生徒たちが自らほうきや掃除機を使って水まわり以外の校舎全体を掃除します。日本では普通のことですが、海外の学校では清掃スタッフを雇うことが多いので、それが当たり前だと思ってきた生徒たちにとっては、これも大変な驚きです。しかし、その効果はてきめんで、自分で掃除をすると、床に平気でものを捨てなくなりますし、なるべく汚さないように気をつけるようになります。生徒のご両親からも、よく「子どもの自立を実感した」といった感想をいただくのですが、こうした何気ない生活習慣から学んでいることも多いのではないでしょうか。

掃除をするというのは、ただ清潔になるというだけでなく、感謝の気持ちにもつながります。汚れた部屋を掃除するのがいかに大変かということを、身をもって知れば、掃除をしてくれる人のことも自然と考えるようになるからです。

あるとき、授業のテストで「あなたが使っているトイレを掃除してくれている女性の名前は?」という問題が出たことがあります。しかも、そのテストの問題はその1問だけでした。水まわりの清掃を担ってくださっている日本人女性の名前をフルネームで書けた生徒はおらず、全員0点。そして翌週、なんとまったく同じ問題が出されて、思わず椅子から転がり落ちそうになった生徒もいたそうです(笑)。

それ以来、生徒たちは掃除をしてくれる人を常に意識するようになったと話していました。それは、当時英語の教師として教鞭をとっていたアラン・オースティンの授業での話ですが、身近な人への感謝を忘れてはいけないという彼らしいメッセージだったと思います。

また1年生の体育の授業では、武道が必修となっています。武道を通じて、人を敬い、礼節を重んじ、きちんと挨拶ができる人になってもらいたいという思いから、知人の勧めもあって和道流空手の宗家と師範の方々に指導をお願いしています。入学当初は、私語を注意されたり、ふらふら自由にお手洗いに立ったりして注意されている生徒もいましたが、1年が経つと人が変わったように、正座をし、一糸乱れぬ礼をし、大きな声で挨拶する数十カ国から集う生徒たちの様子は、見ているだけで背筋が伸びる思いがします。

ダイバーシティの中でこそ気づく「自分の良さ」

圧倒的な多様性が渦巻くＵＷＣ ＩＳＡＫの環境を見て「生徒さんたちはアイデンティティ・クライシス（自分が何者かが分からなくなる状態）に陥らないのですか？」と聞かれることがあります。

実は、現場で起こっていることは真逆だと言っても過言ではありません。先に述べたような環境の中で、これまで自分が日本的だとさほど感じたことのなかった日本人生徒が、急に自らの日本人らしさに目覚めることがあります。外国人生徒も多文化の中で生活したり議論をする中で、自分たちの文化圏の特性や、母国への誇りを再認識する、とよく話してくれます。

多様性を生かしていくためには、こうしてそれぞれの良さを大事にし、アイデンティティを尊重しながら、誰もが受け入れやすい形にすることも必要だと思います。ダイバーシティを尊重するからといって、もともとの社風を完全に否定したり、大切にしてきた価値観を捨てる必要はまったくありません。

むしろダイバーシティの中でこそ、お互いの良さに気づいたり、同質性の中では気づかなかった自分たちの強みを再発見できたら、素晴らしいのではないでしょうか。

「多様な視点を生かした学び」とは何か

「イスラム教＝男尊女卑」という誤解

ＵＷＣ ＩＳＡＫには多様なバックグラウンドの生徒たちが集まっていますが、だからこそ、他にはなかなかない学びがあると私たちは自負しています。これまで自分の育ってきた環境や世界観の中では当たり前だと思ってきたことが、実は決して当たり前ではなかったと気づく瞬間が随所にあるのです。

例えば歴史や国際政治の授業で、「イスラム教」というものが出てきたとき、日本人にとって、イスラム教というと「タリバン」や「イスラム国（ＩＳ）」に代表される過激な教えのイメージが先行しがちです。また、イスラム社会は世界のどこへ行っても女性が抑圧されており、女性の就業機会が限られているというイメージもあるかもしれません。

ところが、インドネシアから来た生徒に言わせれば、「そんなことはまったくない」となります。「そもそも、イスラム教の開祖であるムハンマドの妻ハディージャは裕福な商人で、2人の間にはファーティマをはじめとする4人の女の子がいた。そんな家族がいるのに、男尊女卑の教えであるわけがない」と、彼女は力説するのです。

いつも一緒に机を並べているクラスメートからそういう生の声を聞くと、イスラム教が原理主義だけではないのはもちろんのこと、解釈の違いや政権の価値観によって、現地でも多様な見方があることが分かってきます。それは間違いなく、日本の教科書にある数行の説明文を覚えるのとはまったく違った実感のある学びとなります。

ヒストリーは、ストーリーでしかありません。歴史（ヒストリー）は過去の揺るぎない事実のように思えるかもしれませんが、一つひとつをひもといてみれば、すべては誰かの目を通したお話（ストーリー）なのです。歴史が絶対的なものではないのと同じように、今見えている現代社会も決して絶対的なものではありません。メディアの報道も、どの視点から、どんな側面を大きく取り上げるかで、受ける印象がまったく変わってくるのです。

会社や社会というコンテクストに置き換えると、何が言えるのでしょうか。実は上記の例で重要なのは、ヒストリーの先生が自ら「ヒストリーはストーリーであり、絶対的な解があるものではない」と言うことにあります。本校の教員たちは、日頃からそういうスタンスで、一方的に知識を教えたり押し付けたりせず、一人ひとりの解釈やその根拠を問いかけるファシリテーションを心がけています。

それによって、生徒たちがそれぞれの見解を臆することなく発言する雰囲気が生まれ、その多様な価値観から学びを深めて新たな発見をしていきます。会社や組織でダイバーシティを生かすためには、チームを率いる人の姿勢がいかに大切なのかが分かります。

理科の授業で倫理を教えるわけ

UWC ISAKの教員には、学校の理念への共感と同時に、「クラスの中に多様な価値観があることを理解し、授業を通してそのぶつかり合いがあってもいいと信じていること」という採用条件があります。そのため、あらゆる科目の授業で、生徒の多様な見方や個性が引き出されるような工夫がなされています。

それは、絶対的な答えが定まっていそうな科学分野も例外ではありません。生物の授業で遺伝子について学ぶときに、こんなテーマが与えられることがありました。「染色体で遺伝する病気を持った2人が結婚したとき、体外受精で受精卵の染色体検査をすべきか。またその結果をもとに中絶をしてもいいと思うか」。大人でも、そう簡単には答えられないかもしれません。どちらかといえば、生物というよりも倫理に関わってくる問題です。

このテーマを論じようとすると、中絶の是非に加えて、生命は受精卵から始まるのか、出産を経てからなのかという観点にも絡んできます。当然ながら、人権問題も関係してきます。キリスト教や仏教などの宗教観の違いもありますし、その2人の家族の立場だったらどうか、医師や厚生労働省の職員だったらどうなのか、立場の違いでも見え方は異なってきます。

この授業では、その立場が生徒たちにランダムに割り振られました。生徒本人の信条とは関係なく、それぞれの立場になりきって持論を展開していくという、ロールプレイが実施されたのです。そこでは、中絶が禁止されているような国や宗教のバックグラウンドを持つ生徒たちも、そうではない立場で議論をすることになりました。

このように立場を変えて考える訓練をすることは、身をもって他の人の価値観を知る良い機会となります。いざ考えてみると、自分の価値観だけがすべてではないことを学ぶのです。はなから「自分とは違うから分かり合えない」と全否定するのではなく、なぜ相手はそのように考えるのかという根本的なところに立ち返ると、何らかの接点が見つかり、話し合いが始められることがあります。それは、世界のあらゆる対立の問題に通じていることではないでしょうか。

上記の事例から学べるのは、理系科目のように「絶対的真理」があるかに思える分野でさえ、必ずしもそうではなく、その知識や原理の実践、応用においては何らかの先入観や各人の価値観が大きく影響してくる、ということです。

自分にはいかなる先入観があるのか、問いかける習慣は重要です。とは言え、会社や組織では、なかなか「まったく違う人の立場に立って会議をする」ロールプレイなどということをする機会はないかもしれません。しかし会議中に対立したとき、「何であんなこと言うんだ!?」と憤る代わりに、「何が彼にあんなことを言わしめているのだろう」と思いを巡らせることはできるのではないでしょうか。

繰り返しになりますが、多様性がその本領を発揮するためには、その環境をつくり出すだけではなく、その場にいる人たちの向き合い方、そしてリードする人物の姿勢が、極めて重要だと考えています。

見えているようで、見えていないもの

ＵＷＣ ＩＳＡＫの生徒たちは、毎日の寮生活の中でも多様な価値観を知る場面がたくさんあります。自主性を重んじているため、それぞれの寮の運営ルールは生徒たちが自主的に決め、円滑に共同生活ができるように自分たちで工夫をしているのですが、その中では想像以上にいろいろな気づきがあるようです。

ある寮では、「共同キッチンのシンクがいつも汚れた食器でいっぱいだ」という問題を解決するため、どうにかしようと生徒たちが集まって話し合いの場を設けました。そこで出てきた何気ない意見が、物議を醸したことがあります。

その意見とは、「全員が共同責任で、汚れたお皿１枚につき10円の罰金を各自支払うようにしたらどうか」というものでした。１週間の中で曜日や日時を決めておいて

定期的にチェックし、そのときに例えば10枚のお皿が放置されていたら各自100円を払うというルールをつくろうとしたのです。

一見ティーンエイジャーらしいこの無邪気な提案の、一体何が問題になったのでしょうか？　一人の生徒が、熟慮の末ためらいながら、こう訴えたのです。「申し訳ないけれど、毎週100円なんて、とても支払えない。僕の親の年収は数万円。文房具や生活用品でさえ、学校で支給される1カ月2000円のお小遣いの中でなんとかやりくりしているのだから……」と。そういう生徒にとって、100円は大金だったのです。

一方で、たとえ1枚100円を科されても、たいして懐が痛まない裕福な家庭で育った生徒もいます。そうした経済環境が異なることは誰もが頭では分かっていたことだったのに、そのときは気づけなかった視点でした。

生徒たちはもう一度議論をし、最終的には罰金ではなく、「汚れたお皿の数だけ全員で腕立て伏せをしてから片付ける」という代替案を考え出しました。これを実践し始めてみると、文字通り身をもって分かる戒めとなり、その寮のキッチンに放置される食器の数は大幅に減ったそうです。

私たちは、奨学金を「お金がない子どもがかわいそうだから給付するもの」とは考えていません。「いろいろなバックグラウンドを持った多様な子に入学してもらうことが、すべての生徒の学びにつながる学校の宝」だと捉えています。奨学金の金額自体も生徒によって一人ひとり大幅に違います。全額支払える生徒と、全額奨学金を給付される一部の生徒、という二極構造ではありません。この仕組みもまた、それぞれの多様なバックグラウンドを持つ生徒が集まることにつながります。

何か社会の課題が出てきたときに、画一的な価値観の人たちが集まった中で出される解と、そうではない多様な価値観のコミュニティから出てくる解では、大きく異なります。例えば急速に成長するアジアやアフリカ市場を考えたとき、いわゆるBottom of the Pyramid（BOP）ビジネスは不可欠ですが、先進国出身のマーケッターだけが会議室の中で対策を練っても、あるいは現地を歩いてさえも、見えていないものがあるかもしれません。多様性は、パワーなのです。

多様性を生かせる組織には「一貫性」がある

企業の方から、「ダイバーシティを推進してみたけど、変化が実感できない」という声をよく聞きます。「新しい提案が増えたり、イノベーションが起こって新しい取り組みがどんどん出てきたり、という変化を期待していたが、そんなことは全然起こらない」というのです。そこには、どんな課題があり得るのでしょうか。

上述したように、ダイバーシティを受け入れる側の価値観に目を向ける必要があるかもしれません。多様性があるからこそ得られる気づきやパワー、化学反応というものは確かにあるのですが、それを実感するには、自分とは違った考えを持つ人を尊重し、その意見にも真剣に耳を傾けられる、そういった多様性が生かされる土壌が不可欠です。

社会的なプレッシャーに押されて半ば仕方なく「多様性が大切だ」と言う人もいますが、そこに本当に意味があると信じて、自分とは異なる価値観を否定せず、違和感のある提案にも心を開いていこうとすることは、それほど簡単なものではありません。しかし、これからの時代はそういう土壌がある組織のほうが、強さを発揮できるのではないかと思っています。

そしてその文化土壌には、一貫性も必要です。私が講演に呼んでいただく企業では、だいたい社内研修で「クリエイティビティを発揮するには多様性が必要だ」と説いています。ところが、その企業が採用段階で多様な人材を採っているかといえば、そうではないということが往々にしてあるようです。何か他の人とは違う、逸脱するところがあると、「こんな人が入ったら面倒ではないか」と不採用にしてしまいがちだという話も聞きます。

また、人事考課のとき、視点がユニークで行動力があり、リスクを取っている人を正当に評価しているでしょうか。せっかくトップマネジメントが「ダイバーシティが大事だ」と呼びかけていても、社内研修で「多様な価値観を尊重しよう」と説いていても、それが評価に反映されていないならば価値観は浸透しません。トップや研修時の言葉を真に受けて新たに提案をしてみても、人事で減点される恐れがあると思われたら、二の足を踏ませることになるかもしれません。本気で職場を変えたいと思うなら、そのような仕組み全体を一貫して変えていく必要があるのではないでしょうか。言うは易く、行うは難しですが、あらゆる組織で「減点人事」が「加点人事」に変われば、日本は大きく変われると信じています。

多様な人材を惹きつける要素

人材獲得における口コミのパワー

「どうすれば失敗を恐れず、新風を吹き込んでくれるような、多様な人材を採用することができるのでしょうか？」と、講演会などで聞かれることがあります。

私たちの学校は小規模ですし、そもそもインターナショナルスクールなのでどこまでご参考になるか心もとないのですが、教員の9割が外国人です。アメリカ人が1割程度で、イタリア、スウェーデン、カナダ、イギリス、スペイン、インドなど、10カ国以上から来日しています。ＵＷＣ ＩＳＡＫのウェブサイトで教員1名を募集すると、特に広告宣伝をしていなくても、世界中から教科によって50～１００名近い応募が来るという状況です。

そのほとんどは、人づてに評判を聞きつけて応募してくれているとのこと。「素晴らしい環境で、年齢や性別を問わず理想の教育を目指せることに魅力を感じた」といった、うれしい応募理由が挙がります。口コミの威力は、本当にすごいものです。

ただ、就職活動をしていると、とても素晴らしい企業理念を掲げている会社も、社内の人に状況を聞く限りでは、どうも実情は違うらしいと感じることがあると思います。それは学校の現場でも同じことで、建学の精神で言っていることと実際に行われていることが違う、そう思われてしまっては元も子もありません。

特に新設校は、理念ばかり素晴らしくても、組織としてはきちんと回っていないのではないかという厳しい目にさらされます。そこで「期待外れだ」と思われてしまわないように、私たちは常に自分たちで定めた理念に忠実であろうと努力し続け、先進的で改革的な取り組みをしながら、組織としても持続できるように心血を注いでいます。これは現在進行形で、決して完璧ではありません。

掲げている看板やメッセージと、実態を一致させること。また、やりがいのある仕事や面白い仕事ができる環境を整備すること。そういったことを実現していく地道な努力が、もしかすると人材集めのカギなのかもしれません。

なぜ今「日本」なのか

多くのビジネスにおいて、立地は非常に重要です。消費者向けのビジネスで、駅前の便利な場所や、多くの人が行き交う場所を押さえることが重要になることはもちろん、法人向けのビジネスでもオフィスの場所が利便性のみならずイメージを左右することがあります。

私も、学校づくりのお話をしていて企業の方に決まって聞かれるのが、「なぜ日本で学校をつくることにしたのか」という質問です。インターナショナルスクールをつくるなら、わざわざ日本で大変な思いをして監督官庁の許認可を取るより、日本の学習指導要領をクリアする必要のない海外の国に進出したほうが楽だったのではないかというのです。

それでも私たちが日本での開校を選んだのは、「日本にこそ新しい学校が必要だ」という強い思いがあったからです。海外で仕事をしていた頃、私は日本人のプレゼンスや競争力が急速に低下しているのを肌で感じました。私が高校生だった頃、どんどん経済力をつけていた日本は「東アジアの奇跡」と呼ばれ、そういう国の人間として新興国や発展途上国に貢献しなければと考えていたのに、いつの間にかその日本が傾いていたのです。

特に象徴的だったのが、ユニセフ時代に赴任していたフィリピンのニノイ・アキノ国際空港の外にあった大きなビルボードでした。私が赴任したての頃は、トヨタ自動車やパナソニック、日立と、大きな広告はほとんど日本企業のものでしたが、たった数年で、中国や韓国の大手企業のものへと様変わりしていきました。

街を歩いていても、当初は「日本人か」と聞かれていたのに、中国人や韓国人かと聞かれるようになってきたのです。「発展途上国だけでなく、日本に対しても何か手を打たなければならないのではないか」と、私は心のどこかで思うようになっていました。

それが確信に変わったのは、学校づくりの準備でヒアリングをしたときです。子どもたちのご両親も、経済界の方たちも、長く低滞する日本経済や、変わらぬ教育制度を憂い、みなさん新しい学校を待ち望んでいました。特に、海外で仕事をし、最先端の動向を見てきた方ほど、日本の教育に強い危機感を抱いていたのです。

「日本では、閉ざされた環境の中で画一的な価値観を学び、この国でしか生きていけない子どもを育てているのではないか」「日本の受験戦争はおかしいと思うけれど、代わりに子どもにどんな教育を与えればいいのか分からない」。そういう声を聞いて、それならばやってみようと決意したのです。課題先進国の日本だからこそ、新しい解が切望されている気がしたのです。

「日本」という立地のメリット

日本で開校した理由は、他にもあります。学校を事業として成立させるためには、サステナブルである必要がありました。私たちは多くの奨学金を用意しようと考えて、精力的に寄付集めに奔走し、たくさんのご支援者のみなさんのおかげでそれを実現してきました。しかし中長期的に見れば、自費で通ってくれる生徒もいなくては到底成り立ちませんし、ニーズもきっとあると感じていました。教育を受ける場として魅力的な立地であることは、非常に重要でした。

日本なのか別のアジアの国なのかで、海外からの見え方も違うはずです。日本は(現時点では)治安が良く大気汚染などもなく環境が良いことが世界的にも高く評価されているので、子どもを送り出す親としても安心感を持ってもらえるだろうという思惑がありました。

後から分かったことですが、日本という立地には、それ以外にも高く評価される要素がありました。実は、日本を訪れたことのある外国の方の相当な割合が、日本人のおもてなしの文化に触れ、どこへ行っても人が礼儀正しく優しいことを、強烈に記憶していたのです。これは最近では国際的なトラベルジャーナルなどのアンケートで数値化されていますが、学校設立時には思いもよらなかった利点でした。

こうした日本の良さは、日本の中にいるとなかなか気づけません。でも、日本にもメリットはたくさんあるはずです。一度海外のフィルターを通すことで、意外な強みが見つかることもあると思います。それをアピールすることで、海外人材の獲得にも有利に働くことがあるかもしれません。

権利意識よりも大切なこと

多様な働き方を寛容する職場である、というのも昨今非常に注目される要素です。

ＵＷＣ ＩＳＡＫでは、カフェテリアにベビーチェアがあり、小さな子どものいる教員が家族で食事をしやすくなっており、定時になれば学校の代表電話は留守電に切り替わり、職員室で残業をする人はごくごくわずかです。東京のオフィスは閉めてしまったため、東京を拠点とする職員は全員が自宅勤務でフレックスです。

働き手の側がこうした「多様な働き方がしたい」と思ったとき、それを組織側に提案するときには少し気をつけなければならないことがあります。それは、「これは当然の権利だ」と、自分の要求の正当性ばかりを主張してしまうことです。例えば女性社員だけが集まって、「うちの会社にはガラスの天井がある。この男女格差を男性社員は何も分かっていない！」と叫ぶだけでは、何の問題解決にもならないと思うのです。それではただ文句を言っているのと変わらず、現状は当たり前だと思っている人は反発するだけになってしまいます。

では、それぞれが違って当然である考え方や、価値観の違いを乗り越えて、解決策を導き出すためには、どうすればいいのか。

まず、自分とは異なる考え方の人が目の前に現れたら、「どこが、どうして、違うのだろう？」と自ら関心を持つことが肝要だと考えます。そのステップが、多様性を受け入れる素地になるからです。なぜ現状がこうなのか、物事を決める側の立場で、その人の心の声を聞くところから始めてみるのです。

多くの場合、反発する人はその背後に何かしらの理由があります。もしかすると、過去に「社員を海外研修に出そうというとき、迷った末に男性もいた候補の中から女性社員を抜擢したら、帰国後にあっさり寿退社で辞めてしまった」「長い産休を取ってもらったのに、職場復帰してすぐに辞めてしまった」といったことがあり、裏切られたような気持ちになった経験があるのかもしれません。

直接的、間接的にそういう経験を持つ管理職が、新たに女性活用のための制度を決めようとすると、そこにはおのずとバイアスがかかってしまいます。それが正しいかどうかは別として、相手にも相手なりの言い分があることに、まずは気づくことが第一歩だと思います。そして、相手が抱いている懸念を払拭するためには何ができるのかを考え、いろいろな人と話し合って、そのうえで自分がやりたいことを提案する、そうした対話のステップを踏むのが有効なのではないかと思います。

「良かった」と思われる結果を出す

実際に働きかけてみた結果、相手から譲歩を引き出し、機会が与えられた。そのときには、もう一つ大切なことがあると思っています。それは、その提案を受け入れて良かったと思ってもらえるような結果を出すことです。その瞬間には提案した本人が恩恵を受けられても、そこで良い結果が伴わなければ、「やはりこのやり方は良くない」と評価が下され、後続の人たちにはその選択肢が閉ざされてしまうことにもなりかねません。

何かを変えたり、新しいことを始めたりしたいときほど、その後の行動には慎重にならなければいけないと思います。特例で時短勤務を認めてもらえたなら、その短時間に集中して働き、効率性を高めて、時短勤務前と比べてもアウトプットに遜色はないことを示していかなくてはいけません。これは男性も女性も同じだと思います。やはり、誰もが幸せになる形を目指し、結果的にコミットする意識を持つことが大切なのではないでしょうか。そうすれば、自分一人だけの損得を超えて、周囲にも良い影響をおよぼせるような変化につながると思っています。

あらゆる多様性を生かすために

朝型生活でワークライフバランスを向上

「働き方改革」とひとことで言っても、ニーズは人それぞれで、この問題は何が正解かということではなく、それぞれが自問自答して、自分にとって何が大切なのかを見極めることから始められると良いと思います。時間はすべての人にとって限りあるものですから、自分が目指すことを最も効率よく実践できる形を見つけ出すしかないのではないでしょうか。

ここで、私自身が今どんな働き方をしているか、少し紹介したいと思います。まず、勤務前の朝の6時半から7時半まで、帰宅後の夕方の18時から21時までは、「家族の時間」と決めています。この時間には、メールをチェックしたり、仕事の電話に出るようなことは、極力しません。ご飯を作り、子どもたちや夫と話をし、お風呂に入って、本を読み聞かせて寝ます（夫はこの間に洗濯をしてくれます）。

投資銀行やベンチャー企業で働いていた頃は、私もモーレツに働いて、徹夜自慢をしていたものですが、今はできれば21時に寝るようにしています。その直前に手元の携帯電話でおおよそどのくらいのメールや文書チェックが溜まっているかを確かめ、翌朝の起床時間を決めます。基本的には朝5時、分量によっては4時、ときには3時に起きて、6時半までは集中して仕事を処理する時間にしています。私が起こしに行くまでは、ぐっすりよく眠ってくれる子どもたちで良かった、と思っています（笑）。

このような朝型に転換したのは、２０１２年にある講演会に足を運んだのがきっかけでした。当時、武田薬品工業の社長だった長谷川閑史《やすちか》さんによるものです。

長谷川さんは当時、現役で会社経営に当たる傍ら、経済同友会の代表幹事も兼務されていました。ＵＷＣ ＩＳＡＫの支援者でもあったので、その忙しさがどれほど尋常でないものかは傍から見ていてもひしひしと伝わってきました。会場からも、「社長、または代表幹事だけでも忙しいのに、どう時間をやりくりされているのか」と質問が上がりました。長谷川さんの答えは、「普段は会食は21時までに切り上げて毎晩

22時には就寝し、週末には妻と必ず散歩をしています」というもの。

にわかに信じられない回答です。しかし、よくよく説明を聞いて納得しました。早く寝る代わりに、4時か4時半には起床されるそうなのです。そして、ウォーキングマシンで歩きながら、新聞四紙に目を通し、朝ご飯を食べて7時には出勤されるといいます。夜にだらだらと仕事をするよりも、朝の限られた時間を有効に使うほうが非常に効率的だというわけです。

私も早速、見習ってみると、私のライフスタイルにはとてもフィットする方法でした。家族との会話も増え、拙い手料理をほぼ毎日食べてもらえるようになりました。予想していなかった副産物としては、限られた時間の中で仕事の処理をしなくてはならないので、メールが短くなり、また仕事を人に任せるようになった、ということです。時間は誰にも平等に与えられているのと同時に、有限です。一分一秒をどう過ごすかは、自分自身の「決定」によって大きく変わってくると感じています。

「思い込み」が真実に気づく妨げに

より多様な見方ができる人でありたいとは、私も常々思っていることですが、そこで邪魔をするのが「思い込み」や「先入観」です。その怖さを私自身一番感じたのは、教育経済学を学ぶためにスタンフォード大学に留学したときでした。教育経済の大家のもとで1年間学び、「教育施策の効果について」をテーマに修士論文を書いたのですが、そこで意外な結論が導き出されたのです。

私は、世界銀行と国際協力銀行が協調融資で取り組んでいたフィリピンの教育事業について、効果を分析するという題材を選びました。両行とも相当なお金をフィリピン全土の教育に投じていましたが、果たして現場でどのような効果が出ているのだろうかと、漠然とした興味を抱いたのがきっかけです。

教育支援策の内容として、地域によっては3～5人に1冊だった教科書を1人1冊に行き渡らせる活動や、指導に当たる教員の研修、校舎の修繕などがありました。ただ、報告書を見ても、いろいろな施策が同時並行で展開され、全体として平均的に学力が上がったとまとめられているだけなので、具体的にどの施策が効果的なのかが見えてきません。そこには、もしかすると将来の施策に有効な発見や学びが隠れているかもしれないと、私は検証してみることにしたわけです。

まずは、定量分析から始めました。重回帰分析によってその相関性を見たところ、結果は驚くものになりました。学術論文を読んで立てていた仮説が、ことごとく外れていたのです。「教科書の支給」や「教員研修」は、一般的に考えれば効果的なはずですが、実際に分析してみると、ほとんど統計的に有意な相関関係が見られなかったのです。逆に「校舎の修繕」など、私もその効果を疑問視していた、いわゆるハコモノ系の支援が、生徒の学力向上と高い相関性を示したのです。

なぜだろう、データが間違っていたのかしらと不思議に思い、今度は定性分析に取りかかります。現地まで行って学校をいくつも巡り子どもや先生方にインタビューしてみたところ、ようやくその理由が分かりました。

フィリピンには戦後に建てられた古い校舎が多く、雨が降ると屋根がないため休校になったりします。また、トタン製の屋根では土砂降りになると雨音がうるさくて、先生の声が聞こえないなど、想像以上の支障が出ていました。そこにまともな屋根を張るだけで、学ぶ環境は大幅に改善されたわけです。

一方、教科書の支給になぜ効果がなかったかというと、そこには物理的な問題がありました。フィリピンには7000もの島と急峻な山々があります。せっかく届いた本も、離島や山奥には届けられず、何百もの教科書が各地域のセントラル・オフィスで山積みのままになっていたのです。そんな状況では、当然ながら効果は出ません。実情を見ずにやみくもに支援しても、効果は出ないということを、つくづく感じる結果でした。

それと同時に、教育においては「ハコモノ」支援はあまり意味を持たない、という私の考えがいかに現実を知らないただの思い込みであったかを痛感しました。先入観や報道などを通じて、知らず知らずのうちに、自分にもステレオタイプ的な見方がハッキリと染み付いていることを知って、大いに反省した1年でした。

多様性は「個性」の違い

一般的に多様性というと、国籍や文化、性別などの違う人が集まることというイメージが強いのかもしれません。しかし突き詰めて考えれば、多様性は「個性」の違いであると、私は考えています。

学生時代などは、気の合う人と仲良しグループをつくり、同じグループではない人とはあまり話もしないという状況がよく起こります。そういうことに頓着しなかった高校生の私は、よく「何であの子と知り合いなの？」「どうしてあの子と話をするの？」と不思議がられたものです。恐らく、もともといろんな人に興味があるからではないかと思うのですが、さらに遡って考えてみると、子ども時代の経験が関係しているのかもしれないと思い当たります。

私が幼い頃、母は市役所でソーシャルワーカーとして働いていましたが、共働きだったので、ときに私をその職場（あるいは現場）へ連れていくことがありました。ソーシャルワーカーの現場では、さまざまな境遇の方との出会いがあります。そこで母は、いつも私にこのように言って聞かせていました。「それぞれ事情は抱えているけれども、一人ひとりが尊厳を持って生きている。だから、かわいそうと憐れむ対象ではない。いろいろな状況が重なってしまっただけで、それを解決するのが社会の責任だ」と。どんな立場、どんな境遇の人も、いつも人には対等に接するべきだというのが、母の揺るぎない信条であり、私の中にも根づいていることです。

さらに母は、「視覚や聴覚に障害のある人とコミュニケーションできないのは、英語ができないのと同じように、あなたの責任。話せるようになれば世界が広がる」と言い、小学生だった私は彼女と共に週末になると手話や点字の教室にも通いました。「世の中の人がみんな手話や点字を学んでいれば、コミュニケーションできる。そうなっていないのは、社会に落ち度がある」というのが母の考えでした。車椅子の方と一緒に市内で一日過ごし、どれほど不便か、母の言葉を借りて言えば「社会がすべての人のことを考えて設計されていないか」を体験した週末もありました。

それぞれの境遇や特徴は、良し悪しではなく、ただ「違う」だけ。またそこにどんな違いがあるのかを知ることは、自分の世界を広げることになる。これは境遇の違いや障害の有無のみならず、単純に考え方が違う、性格が違う、慣習が違う、すべてのことについて言えると思います。違いを排除したり否定したりするのではなく、お互いの違いを受け入れ、さまざまな視座から物事を見ることを学び、相手の立場に立てるようになる。それこそが、多様性に対する寛容力を培ううえで、根底に流れる素養であると信じています。

軽井沢町に突如「多様性」が現れた

そういう意味では、当初UWC ISAK設立の構想が持ち上がったとき、地元軽井沢町ではこんな懸念の声も聞かれました。「外国人の人数が急増するから、治安が悪化するのではないか」「高校生が大騒ぎして、近所迷惑になるのではないか」。特に静かな別荘地なので、環境が変わることにはやはり心配もあったのでしょう。見たこともない多様性が、地域に何をもたらすのか。多くの方が不安な気持ちを持たれていたと思います。

町長をはじめ、町議会や地元の名士の方々には、この多様性に富んだ新しい理念を掲げる学校については開校前からご理解をいただいていたのですが、それを地域社会全体で受け入れていただくまでには、まだまだハードルが高かったのです。

やはり「違い」には、誰もが最初は戸惑うのかもしれません。これはもう、私たちのコミュニティを実際に見てもらうしかないという思いで、幾度かの住民説明会を経た後、開校に踏み切りました。

いざ学校が始まってみると、うれしい化学反応がありました。誰に言われることもなく、好奇心旺盛な生徒たちが率先して地域コミュニティの中に入り、交流を始めたのです。高校1年生から実践するＣＡＳの授業で、地域社会に貢献することが奨励されていることの効果も大きいと思います。

生徒たちは、地元の学校で英語を教えたり、児童養護施設や高齢者向けの施設を訪問したり、地域のマラソン大会で運営のお手伝いをしたり、自分たちで考えたいろいろな取り組みを実践していました。

しばらくすると、私が軽井沢の街中で用事を済ませているときなどに、いろいろな方が声をかけてくださるようになりました。観光協会の方から「ふるさとフェスティバルで生徒さんがボランティアに来てくれて助かった」と言われたり、音楽ホールの方から「生徒さんがコンサートの受付をしてくれた」と聞いたり、郵便局長からは「お宅の生徒さんがホームステイに来て、うちの孫も良い刺激になったよ」と言われたり……。所属している自治会の方からは、「生徒さんたちのおかげで地区の盆踊り大会に数十年ぶりに活気が戻りました」とお手紙もいただきました。

共に活動してみて分かること

私の知らないところで生徒たちが本当にいろいろな活動をしているのには、とても驚かされます。生徒たちが自主的にコミュニティに入っていったことで、地元の方々にもそれが受け入れられ、自分と違う国の人がいる日常が当たり前になっていく様子を目の当たりにしたのです。こうして自然な形で国際交流が始まり、相互理解が進むというのは、うれしい誤算でした。

一つ、不思議に思っているのは、「日本語を話せない学生たちが、一体どうやって地元の方たちとコミュニケーションを取っているんだろう?」ということです。UWC ISAKは国際バカロレアでカリキュラムを組んでいますが、同時に日本の学校でもあるので、高校1年生で、日本人は国語、外国人は日本語と日本文化を必修として学んでいます。

そのため、ある程度の日常会話はできるようになるのですが、完全には話せない生徒が圧倒的多数です。日本人の生徒や職員が間に入って通訳をすることもあるとは思うのですが、新しい取り組みを実現するにはいろいろな説明をしなければならない場面も多いため、きっと地域の方々に相当助けていただいているのだと思います。

人口2万人の軽井沢町において、双方が先入観から解き放たれて歩み寄り、そして一緒に何かに取り組んでお互いを知っていく中で、一見大きく見えた「違い」を大人も子どもも生徒たちも、乗り越えていくことができた事例です。

違和感があって当たり前

異文化の中では誰もが迷い、葛藤する

多様性に富んだ環境に魅力を感じ、自ら望んでそこに飛び込んだとしても、いざ身を置くと、その中で適応していくことの大変さに気づかされます。UWC ISAKの生徒たちも、最初は誰もが苦労しています。私自身、高校時代にUWCのカナダ校へ留学したときには、まさに同じような問題に直面しました。

私はもともと新しいもの好きで、何でも抵抗なく楽しめる性格だと自負していたのですが、変化があまりに大きいと、さすがに対応しきれません。自分で選んだ留学だっただけに、「なぜこんな道を選んでしまったのだろう」と、何カ月もの間、週末のたびに涙があふれるほどつらかったのを覚えています。

留学先で一番つらかったのは、「英語ができない」ことでした。日本の学校では得意科目だと思っていた英語も、国語も社会も、そこではまるで通用しません。それは、非常に大きな打撃でした。周りに比べて英語ができないうえに、社会も英語での授業で理解できないのです。授業では、先生から指名されたときだけ仕方なく話し、どうしても聞きたいことがあったときに質問するだけの、とっても消極的な生徒になりました。

日本では毎年のように学級委員になり、生徒会でも活動していました。高校時代も留学するまでは学級委員でしたし、女子バスケ部（こちらは万年補欠でしたが〈笑〉）にも積極的に参加する、極めて活発な生徒でした。それが、留学した途端に暗転。私は存在感のない、「地味なアジア人の女の子」になってしまいました。16〜17歳になると急に大人びてくる欧米やラテン系の女生徒の中で、私は身体的にも子どもっぽく、まるで小学生が交じっているかのよう。なおさら自信が持てなくなりました。

今の私を知る人には驚かれてしまうのですが、高校で留学した2年間、私は全校集会で一度も発言することなく終わりました。全校生徒の前で英語で意見を言うなど、あり得ないことだったのです。ときには言いたいこともあったのですが、論点を整理して文章を頭の中で考えているうちに、全体の議論は次へ移ってしまっていました。

10年経って向き合えた暗黒時代

大好きだった休み時間の友だちとのバスケットボールも、背が低く、まったく戦力にならず、いつからか参加しなくなってしまいました。唯一の救いは、日本語のクラスと、年に1度のスキーデー。そこだけが、自分が生き生きといられる場でした。本当に、私にとってあの2年間は暗黒時代だったのです……。

本当にこれで良かったんだ、あの2年間のおかげで今の自分がいるのだと心底思えたのは、10年後の同窓会でカナダに戻ったときでした。28歳になっていました。同窓会が開かれると知ったとき、私は参加するかどうかものすごく悩みました。でも、もしもあのとき参加していなかったら、UWC ISAKは実現していなかったと思うのです。私のキャリアにおいて、実は重要なターニングポイントとなった同窓会でした。

意を決してカナダへ戻った私ですが、そこでは思わぬ発見がありました。20代後半の社会人となった同級生たちと再会し、お互いに打ち解け合って話をしてみると、高校当時はとても華やかに見えた人や、勉強ができた人も、みんなそれぞれにコンプレックスを抱えていたというのです。それでも、うまく取り繕ったり、虚勢を張ったりして、サバイブしていたのだと。それまでずっと自分だけが負け組のように感じていましたが、よくよく話を聞いてみると、みんながそれぞれに苦悩や葛藤を抱えていたのです。

そこでは誰もが大なり小なり、多様性の中で迷い、アイデンティティ・クライシスに陥り、ゼロから自分を再構築していくプロセスをたどっていました。あのときの私のもがきはそういうことだったのかと、スコンと腹に落ちた発見です。そして今も同級生のみんなと笑いながら話すのは、「あの2年間をサバイブできたのだから、人生大抵のことは怖くないよね」ということです。

苦手な英語とどう向き合うか

社会人になってからも、引き続き英語では苦労しました。たった2年の高校留学経験と、英語を使って仕事をすることは、また別物だったからです。新卒でモルガン・スタンレーに入社したとき、すぐに数カ月間のニューヨーク研修があったのですが、早口で専門用語をまくしたてられ、気が重くなることが何度もありました。それでも帰国後、東京本社で優秀かつ温かい多国籍の上司や同僚に囲まれて仕事をする中で、私の英語力は少しずつ上がっていきました。

大勢の聴衆を前に英語でスピーチをする機会をいただくことがありますし、今でこそほとんど怖気づかなくなりましたが、もともと英語は苦手だったのです。そして未だに、さまざまなセクターを代表するような方々と英語でパネルディスカッションするときは、少し緊張します。しかし、そこは努力あるのみ。今はモデレーターやパネラーとして、いかに要点と議論の流れを掴みながら、分かりやすく自分の主張を展開できるか。そこに、どのようにしてユーモアを交えるか。とにかく頭の中でイメージトレーニングをして臨んでいます。

そういう努力が実ったのか、ダボス会議のヤンググローバルリーダーズの集まりでは、世界800名くらいのメンバーの中から30名のアドバイザリーグループメンバーに選んでいただき（2015〜2018年）、UWCでも加盟して3年で、世界18校の加盟校と160カ国の国内委員会を有する組織の中で国際理事に選んでいただき（2020～現在）、これまで以上に貢献できる機会をいただけているような気がします。

異文化に飛び込む、異文化を受け入れる、まったく違う土俵で闘う。決して簡単なことではありません。苦しいこともあるかもしれないし、「自分はこんなもんじゃないのに」と悔しい思いをすることもあるかもしれません。しかし勇気を持って一歩を踏み出せば、そこにはまた違った景色が広がっています。その景色を見に行くかどうか……。それを判断するのは、みなさん自身です。

ケーススタディ

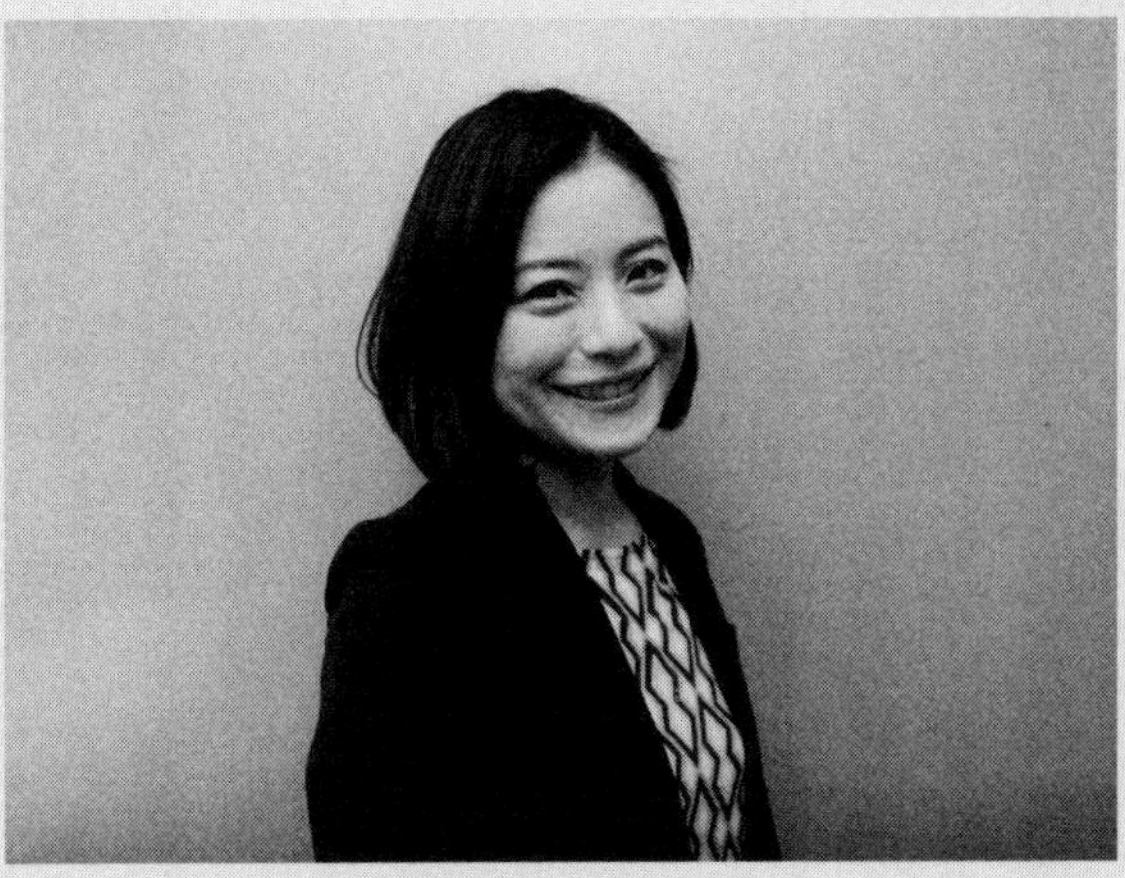

平野未来

Hirano Miku

シナモン代表取締役CEO（最高経営責任者）

シリアル・アントレプレナー。東京大学大学院修了。在学中にネイキッドテクノロジーを創業。iOS／Android／ガラケーでアプリを開発できるミドルウェアを開発・運営。2011年に同社をミクシィに売却、16年、株式会社シナモン設立。St.Gallen Symposium Leaders of Tomorrow、Forbes JAPAN「起業家ランキング2020」BEST 10、ウーマン・オブ・ザ・イヤー2019 イノベーティブ起業家賞、Veuve Clicquot Business Woman Award 2019 New Generation Awardなど、国内外のさまざまな賞を受賞。20年より内閣府税制調査会特別委員に就任。

柔軟な働き方で一人ひとりの多様な力を引き出す

多様性を生かし、その力を存分に発揮している実践者として思い浮かぶのは、AI開発を手がけるシナモンの代表取締役CEO、平野未来さんです。

そもそも女性起業家は少数派ですが、中でもIT分野では貴重な存在です。私も個人的に敬愛するディー・エヌ・エーの南場智子さんが最も知られていると思いますが、あの規模で活躍している方は若手ではほとんどいらっしゃいません。そんな中、30代の若手起業家として急速に注目を集めているのが平野さんです。

平野さんは東京大学大学院在学中に、仲間と一緒にネイキッドテクノロジーを起業しました。そして、2011年にその事業をミクシィに売却。その後は海外に挑戦しようと思い立ち、2012年にはシンガポールで2度目の起業を果たしました。しかし、開発した写真共有ソフトの事業が3年経っても軌道に乗らず、2016年に本社を日本へ。シナモンとして再出発しました。人間の事務作業をAIに肩代わりさせるシステムの必要性や、その成長の可能性に気づき、事業を転換したのです。

シナモンでは、契約書や請求書など、さまざまな書類をAIが読み取り、必要な情報を抽出してデジタルデータにしてくれます。手書きの書類も処理でき、これまで人海戦術でこなしてきた読み取りや入力の手間が省けることから、保険会社や金融機関などで活用されています。さらに、会議やコールセンターでの音声のやり取りをリアルタイムで文字にする、音声認識のAIも開発しているといいます。

AIを手がけるようになってからまだ3年ほどですが、約200人の従業員を抱えるまでに成長しました。最大の開発拠点はベトナムにあるため、全エンジニアの7割近くがベトナム人です。台湾やアメリカの出身者や、日本の大手企業からの転職者など、多様なバックグラウンドを持つ人が集まる職場環境となっています。

平野さん曰く、国が違うと仕事の進め方や物事の考え方が異なるので、それが新しい発想につながるそう。多様な考え方が入ることで、より良い開発ができるといいます。

ある企業へのAI開発提案で日本チームが行き詰まっていたときなどは、新たに加わったイラン人の社員が欧州の事例を紹介したことがあったそうです。それが日本の商習慣を当たり前だと思っていたチームに新しい視点をもたらすことになり、プロジェクトは無事に成功したとか。人材の多様性は、製品やサービスの開発にも効果的だと平野さんは言います。さまざまな違いを面倒だと思わずに、むしろ自然体で楽しんでいるのです。

しかも、平野さんは2児の母。仕事と家庭を両立できるように、柔軟な働き方を心がけているそうです。しかし、IT関連の職場は残業も多く、長時間労働が常態化しているところが少なくありません。平野さんは経営者でもありますから、会社を率いる立場として、相当忙しいはずです。しかし、アメリカ人の夫の協力を得ながら育児を行い、在宅勤務も取り入れつつメリハリのある働き方をしているそうです。

シナモンでは勤務時間を固定しないフレックスタイム制を導入していますが、さらに自宅など会社以外で仕事をするリモートワークも推奨しています。平野さんだけでなく、社員にとっても働きやすい環境が自然にできているのです。それが結果的に、人材獲得にも良い効果を与えているようです。

国籍に関係なくスキルを持った人を集め、多様な働き方を認めることで、さらに多種多様で優秀な人材が集まり、ＡＩ技術も進化していく。極めて自然に、かつ合理的な判断のもと、ビジネスでも好循環を生み出していて、平野さんのしなやかで果敢な生き様が、今後シナモンにどのような発展と進化をもたらすのか、心から楽しみにしています。

第4章　「あきらめない」は特別な能力？

✓新しいことを始めたけれど、
早速壁にぶつかって気持ちが折れそう。
✓なかなか思うように前に進めない。
もう諦めてしまいたくなる！
✓同じ目標に向かっていたはずの仲間との間に、
予想外の亀裂が……。

動き始めたら、そこには必ずと言っていいほど困難が待ち受けています。UWC-ISAKも、その例外ではありません。これまでたくさんの壁に阻まれながらも、なんとかやってこられたのは、決して私一人の力ではなく、プロジェクトを進める中で多くの同志を得て、その力を借りることができたからです。

困難に直面したとき、心が折れそうになったり、もう諦めてしまいたくなったりするのは、とても自然なことであり、企画やプロジェクトを推進する人であれば、必ずと言っていいほどそういう場面に直面したことがあるのではないでしょうか。前例のないことをしようとするときには、反対する人も必ずいるので、ますます自信を持てなくなることもあるかもしれません。

しかしそこで、客観的に自分の感情や状況を分析することで、問題解決の糸口が見えてくることがあります。これは、私たちの学校でも生徒たちが授業や実践を通じて培っている力です。せっかく一歩を踏み出したのに、そこで噴出した問題に立ち向かわずに諦めてしまうのは惜しいことです。この章では、いかにして困難に立ち向かうかを一緒に考えていければと思います。

成功の秘訣は、あきらめずにやり続けること

20億円が200万円になった日

学校を開校するまでの道のりは、本当に困難の連続でした。しかも、初っ端からです。冒頭にも少しだけ触れましたが、私が満を持してユニセフを退職し、フィリピンからプロジェクト始動のために帰国して、わずか3週間後にリーマン・ショックが世界を襲ったのです。すでに初期資金としてあてにしていた20億円が、なんと200万円にまで減ってしまったのでした。

振り出しに戻った私たちは、UWC ISAKの発起人代表の谷家衛さんの200万円と、私のなけなしの貯金から100万円を持ち寄って、一般財団法人として学校設立準備財団をつくります。お金も経験もなかったので、「財団」「定款」とインターネ

ットで検索して探し当てた雛形をもとに、私が見よう見まねで定款を作り、法務局の無料相談窓口の優しいおじいさんにあれこれ手解きを受けたことを、今でも懐かしく思い出します。

しかし他には一切資金がなかったので、寄付を集めるために奔走することになります。リーマン・ショックでさまざまな物の価格が暴落していたことと、いろいろと知恵を絞った結果とが合わさって、初期投資はなんとか10億円にまで抑えることができそうでした。ただ、「5億円、10億円ご寄付くださりそうな方を探さなくては」と、谷家さんにあらゆるツテをたどっていただき、たくさんの資産家の方にお会いしたものの、なかなかそんな救世主は現れませんでした。

2年近く必死で足掻いた末に、私たちは一人の理事の発案で突破口になりそうなアイデアにたどり着きます。「5億円、10億円が無理なら、1000万円の支援者を100人集めようじゃないか」と。「100人のファウンダーでつくる学校」という構想が立ち上がった瞬間です。そして、1年かけてようやく10人ほどの支援者が集まりました。

10人で1億円、この10人が1人10人ずつ支援者を紹介してくださったら100人達成できる！　２０１１年３月３日、ひな祭りの日に決起大会をやり、３月11日の理事会でその方針を再度確認した私たちは、半ばゴールが見えたかのような晴れやかな気分で都内のオフィスを後にしました。そのとき、突然電信柱が揺れ、足元の地面がうねったのです。日本中の誰もが忘れられない、東日本大震災の始まりでした。

東北への支援を第一に考える中で、海のものとも山のものとも知れない新設学校の支援をお願いすることは、非常識にさえ思えました。それでも、諦められませんでした。こんな日本の危機的状況を将来救うことになるのも、やはり自らの頭で考え、自らの意思で行動できる、国際的にも発信力のある人材であり、そのためにもＵＷＣＩＳＡＫがやろうとしている教育がますます必要になるはずだと思えたからです。

この２００８年から２０１４年までに私が交換した名刺の数は４５００枚以上。うち２５００枚ほどは、ご寄付をお願いしにいった方々のものだったのではないでしょうか。最終的には１００人のファウンダーとなる方に寄付をいただくことになりますが、確率にしてわずか５％以下。困難を極めたのは間違いありません。

6年かかった学校の設立

資金繰りの目途が立った後、学校の許認可を得るまでにも壁は立ちはだかりました。ちょうど公益法人制度改革が行われ、当初計画していた学校設立準備財団の仕組みが利用できなくなってしまったのです。公益法人になれなければ、せっかく寄付をしてくださった方が税制控除を受けられません。しかし、公益法人になる条件は、5年以上活動していることや、数億円単位の資産があることなど、新設校にはとても満たせないものばかりでした。私たちは、長野県から文部科学省、内閣府にまで説明に行って交渉を重ね、最終的には学校設立準備財団については一部の設立要件を時限措置付きで緩和していただくことに至り、この問題をクリアしていきます。

その後の許認可も、一筋縄ではいきませんでした。国内のほとんどのインターナショナルスクールが、塾や専門学校などと同じ「各種学校」という認可であるのに対して、UWC ISAKは「一条校」と呼ばれる、いわゆる文科省が認める高等学校になることを目指していました。

ところが、この学校教育法の施行規則には、小中高校は4月入学、3月卒業とすると明記されているのです。国内にわずかだけある、一条校で国際教育をしている静岡や神戸の学校も、すべてこの規則に則って運営されていました。しかしそれでは、世界各地から教員や生徒を集めて真の国際教育をするという本来の目的から離れてしまいます。そこで我々は、文科省の官僚の方に教えを請いに行くのです。

複数の方から、「単位制」の学校にするという選択肢を提案いただきました。いつでも入学が可能で、単位が揃って校長が認めれば卒業ができるので、全員が8月にたまたま入学して6月に偶然（!?）単位が揃って同時に全員が卒業しても、違法にはならないのではないかという助言です。こうして日本で初めて、インターナショナルカレンダーで運営する「一条校」が実現しました。

ところが、手続きを進めていくうちに、なんと今度は肝心の「単位」は、日本の教職免許を持っている教員でなければ認定できないという壁にぶつかります。今度は教育職員免許法です。しかしこちらも、ある行政官の方からアドバイスをいただきます。「特別免許状」を調べてみてはどうか、と。一般的な学校でも、大学教授などが週に1度訪れて教鞭をとるようなことが特別に認められることがあります。そうか、と思い早速、教育職員免許法にあたってみると確かにありました。

「③　特別免許状は、教育職員検定に合格した者に授与する。

④　前項の教育職員検定は、次の各号のいずれにも該当する者について、教育職員に任命し、又は雇用しようとする者が、学校教育の効果的な実施に特に必要があると認める場合において行う推薦に基づいて行うものとする。

一　担当する教科に関する専門的な知識経験又は技能を有する者

二　社会的信望があり、かつ、教員の職務を行うのに必要な熱意と識見を持っている者」

これなら、私たちが採用しようとしていた教員全員が該当する、と喜び勇んで長野県の教育委員会へ相談に駆け込みます。しかし、長野県では歴史的にこの免許状を著名な大学教授以外に発行した前例がほとんどありませんでした。第三者の審査会で一人ひとりの審査が行われるのですが、県教育委員会や審査会の座長を務めていた信州大学の先生のところへ足繁く通い、提出書類を細部まで詰め、1年近くかけて初年度の教員たちの免状を揃えたのを覚えています。

パナソニックの創業者である松下幸之助さんが遺された有名な言葉に、「成功する人は、諦めない人だ」というものがあります。困難に突き当たったとき、多くの人はそこで投げ出してしまうから、失敗したように見えているだけだというわけです。まさに、やり続けることこそが、成功につながる最も有効な方法だと説いています。

石の上にも三年と言いますが、私の場合は学校設立までに6年もの年月がかかっています。それまでには何度も危機に直面し、そのたびにギリギリのところで窮地を脱してきました。危機の最中、どん底でやめてしまっていたら「失敗」ですが、諦めずに粘っているうちに、なんとか開校に漕ぎ着けたのです。

とは言え、開校もスタート地点に過ぎず、6年経った今も発展途上の一私学に過ぎません。まだまだこれから、UWC ISAKの目指す「理想」に向かって努力を続けていきたいと考えています。

断られたときこそ、丁寧にお礼をする

私は時折、若い方々の起業相談に乗らせていただくことがあります。彼ら、彼女らから学びを得ることは本当に多くて、力になってくれそうな知人を紹介することもよくあるのですが、そこで一つだけ残念に思っていることがあります。実は、後で紹介

先の方に話を聞くと、「会ってお話を聞いたのですが、最終的に支援を断ったら、お礼も言わずにさっさと帰ってしまいましたよ」なんて苦笑されてしまうことが、1度や2度ではないのです。

驚いて本人に確認すると、「こんなに良い活動をしているのに、相手はこの問題についてまったく理解してくれない！」と憤慨しています。自分の話に賛同し、出資や寄付をしてくれない限り、お礼など言わなくていいという考え方を、みなさんは、どう思われるでしょうか……。

コミュニケーションは常に50：50だという考え方を先にもご紹介しました。ここで省みなければいけないのは、「なぜ相手に自分のやりたいことが伝わらないのか」「分かってもらえないのか」ということではないかと私は思います。まずは、相手の立場に立って考えてみる必要があるのだと。

例えば、相手が企業だった場合、その企業は今どのような状況にあるのか、本業は何をしていて、どこでどのようなCSR活動をされているのか。それに対し、例えば社会起業家の提案した活動を支援した場合、株主に納得のいく説明ができそうか、そういったことをしっかり理解したうえで、受け入れてもらうにはどんな提案をすべきなのかを考えると、状況はだいぶ変わってくるかもしれません。

少なくとも、忙しい仕事の合間を縫って、それなりに立場のある方が自分の話を聞いてくれたのです。その事実に対してまず、純粋な感謝の気持ちを持つことが大切だと私は思います。どこかに「自分たちは良いことをやっているのだから、認められて当然だ」という思いがあると、自分を省みず相手を批判する事態に陥ってしまうのではないでしょうか。世の中は本当に嘘のように狭いものです。断られたときでも、丁寧に誠実にお時間をいただいたことへの謝辞を述べることで、将来的に別の扉が開いたりするかもしれません。

耳の痛い指摘こそ、的確なアドバイス

また、資金調達やご寄付のお願いでは何十回も断られることが当たり前ですが、そこで落ち込まずに前向きになるためには、とにかく相手に言われたことを「咀嚼」することをお勧めしたいと思います。私も、学校開校を目指す中で、また開校してからも、何千回というほど寄付を断られてきました。その方に会うことができ、断られた

としても、1時間近くお話をして、自分は何を学んだのか。そして、それは次の行動にどう生かしていけばいいのだろうかと考えるようにしています。

断られるときには、必ず何らかの理由があります。事業計画のここが甘い、競合がどうだという指摘があった場合は、「ビジネスリスクがつぶしきれていない」というメッセージだと捉えます。自分を批判され、否定されたと憤慨するのではなく、そこで指摘された事実だけを真摯に受け止めて、貴重なアドバイスだと思うことが大切だと思います。

私たちも、「こんなに多額の寄付を毎年必要とするモデルは持続可能ではないのではないか」「海外にもたくさん似たような学校はあるのにわざわざこの学校のために日本に来る外国人がいるとは思えない」といったご指摘を受けることがありました。しかしそこから考えに考え、ふるさと納税の制度を活用して奨学金の持続性を高めました。また、国際的に認知度が高く、圧倒的なダイバーシティを生み出すことのできるインフラを有するUWCへの加盟を推し進めました。いずれも、その場では寄付を断られた方からアドバイスをいただいたことがきっかけです。

こうして考えると、実際に耳の痛い指摘ほど、的確なアドバイスであることが多いのです。私もそのうちに、自分は寄付を募りに行っているのではなく、教えを請いに行っているのだとさえ思えるようになりました。中には一度は断られても、「これを克服すれば」と条件をいただき、それをクリアしたことで出資してくださった方もいました。そこまで明確ではなくても、傍から見ていて粘り強く頑張っているとご判断をいただいて、それから毎年支援を続けてくださっている方もいます。断られたらそこで終わりではなく、その後にどう行動するか、何ができるかが問われているのではないかと思います。

さまざまな危機の乗り越え方

「アーリー・スモール・サクセス」の力

UWC ISAKを開校するまでには、こんな発想の転換もありました。先にも書きましたが、リーマン・ショックに見舞われ、資金集めに奔走せざるを得なくなるうちに2年もの年月を費やしてしまいます。あまりの苦境に喘ぐ私たちを見て、高校留学時代からの親友であり、今はアジアを代表する投資家である、ビーノス（当時ネットプライスドットコム）の佐藤輝英さんが、「スタートアップ業界では、"early small success（初期段階に、小さくてもいいから、何か結果を出してみろ）"って言うんだよ。寺子屋でもいいからまずはやってみなよ」と言ってくれたのです。

「えー、私は学校づくりという壮大な夢のためにユニセフを辞めて帰国したのに。寺子屋だったらすでにたくさんあるじゃない」というのが、私の最初の反応でした。しかし佐藤さんが、その後数カ月に1度会うたびに、「寺子屋、寺子屋」としつこいのです（笑）。仕方なく（？）２０１０年の夏に、たった40名のサマースクールを開催する決意をしました（結果的には人数が集まらず34名で決行）。これが彼の言った通り、大きな大きな転機となるのです。

まずは資金集めに、てきめんに効果がありました。寄付をご検討くださっていた方々に、実際にサマースクールに足を運んでいただき、いかに今までとは違った教育を実現しようとしているかを肌で感じていただくことができたのです。さらに、ＵＷＣ ＩＳＡＫのサマースクール運営を目の当たりにして、「ただ教育についての理想を語るだけではなく、実際に形にしていく実現力もあるようだ」と、確信を強められたようでした。また、参加した生徒のお母様が、「たった2週間で息子がこんなに変わるなんて。学校づくりをぜひ応援したい」と、１００人のファウンダーの１人に加わってくださいました。

次に、カリキュラムづくり。当時、私たちの中には、「世の中に新風を吹き込んでくれるような人を送り出したい。世界中から、家庭の経済環境や宗教や文化の隔てなく生徒たちを集めて、共に学んでほしい」という、漠然とした概念的なものしかありませんでした。それが、実際に2週間というカリキュラムを、主に北米から集まってくれた教師陣と共に作り込んでいくうちに、自分たちが信じている価値観は何なのか、大切にしたい力はどういうものなのかを、徐々に形にしていくことができたのです。それは非常に大きなことでした。

そして、実は最も重要だったのが人集めです。この頃に集まった教師陣は、その後ながらく我々のカリキュラム策定の中心メンバーを務めてくれました。2回目のサマースクール以降は、今のUWC ISAKで中心的役割を担う教師たちも加わってくれています。また、サマースクールは中学生を対象に行っているため、ここで学校のエッセンスを掴んだ生徒たちが、次々受験に踏み切ってくれ、また口コミで大勢の友人や兄妹を連れてきてくれました。

2010年のサマースクール直後からは日経ビジネスオンラインでの連載も始まり、2011年のサマースクールには初めてテレビカメラが入ります。こうして"early small success"が実現できた途端、信じられないスピードで私たちの学校プロジェクトの評判は国内外に広まっていくことになったのです。

恐らく企業の中でも、これと同じようなことは日々起こっていると思います。自分がやりたいことがあるときに、ただ希望を伝えても、「あなたには何も実績がないでしょう?」と言われてしまうかもしれません。判断材料がなければ、その提案を成功させるためのやり抜く力があるとは、到底信じてもらえない現実もあるだろうと思います。

もしそうであれば、まずは小さくてもいいので、何らかの結果を示せるようにし、「この人はこんなことができるのか」と認識してもらうことを目指してみてはどうでしょうか。そこからさらに、少しずつ大きなことにチャレンジしていくことで、理解者や協力者は増えていきます。たとえ傍から見ると「あの人は運がいいな」と思えるような人も、実はそうやって自分の力を発揮できる機会を自ら手繰り寄せていたりするのかもしれません。

仲間と一緒だからこそ

2010年の初めてのサマースクールには、日本人のほか、シンガポールやフィリピン、ミャンマー、ネパールなどアジア7カ国から来日した同年代の子どもたち、合わせて34名が参加することになりました。このサマースクールは高校入学前の中学生を対象にした約2週間のプログラムで、今でも毎年開催しています。2019年には世界31カ国・地域から82人が参加しました。

実は、初めてのサマースクールを開催した前夜、いよいよ明日生徒たちが到着するというときになって、私は急に不安に駆られていました。「明日から、私たちは何十人もの子どもたちの命をお預かりするんだ」。そう思った途端に恐怖が込み上げ、眠れなくなってしまったのです。布団の中でひたすら羊を数えましたが、まったく寝付けません。ようやく少しうとうとしたかと思ったら、もう明け方でした。

仕方なしに私は、そのまま会場へ向かい、朝一番、サマースクールを支えるために集まっていた仲間たちに、自分の不安な気持ちを正直に、包み隠さず打ち明けました。すると、あるベテランの教師が「僕も30年前はそうだったよ」と、私の不安な気持ちを吹き飛ばすような静かな深い笑顔で声をかけてくれたのです。海外の全寮制の学校で、これまで延べ1000人近い生徒の命や人生を預かる経験を積んできた人でした。

そのとき私は、心の底から思いました。「私一人じゃなくて良かった……!」と。

当時すでに私の周りには、谷家さんと私の思いに共感し、情熱を持ってプロジェクトに取り組んでくれる教師たちもいれば、常に石橋を叩いてリスクを回避し、あらゆる角度から打つ手を考えてくれるスタッフたちもいました。「みんなでこれだけ精緻な準備を重ねてきたのだから、きっと大丈夫だ」という仲間の言葉が、本当に力強く私の胸に響き、「このチームなら必ずやり遂げられる」とまた前を向いて挑むことができたのです。

人は、それほど強くはありません。ひるむことは誰だってあります。だからこそ仲間の存在は非常に重要で、たとえ失敗したとしても、大きな支えになってくれます。私が過去に伺った中で、特に印象深かったお話を紹介させてください。学校のファウンダーの1人でもあるカルチュア・コンビニエンス・クラブを創業した増田宗昭さんからお聞きしたものです。

増田さんがTSUTAYA事業を軌道に乗せ、年間利益数十億円くらいだったときのこと。ディレクTVで200億円もの損失を出してしまいました。日本経済新聞の1面にも「増田氏解任」と見出しが躍り、増田さんもこれで終わりだと覚悟をしたそうです。いろいろな事情が背景にあったことを私も後で知りましたが、この解任騒動はあちこちで大きく報道され、「とにかく打ちひしがれるような思いだった」と言います。

ところがそのとき、「増田を励ますために、応援したいという人を集めてパーティーをしよう!」と企画してくれた人たちがいました。しかも、ご本人曰く「きっと誰も来ないだろうと思っていた」のに、最終的に100人近くも集まったそうです。クルーザーを貸し切ってのパーティーだったので、少し顔を出して帰るというわけにもいきません。3時間は拘束されることになるのに、多忙を極めている人たちが、自分の復帰を願って駆けつけてくれたのです。「本当にありがたくて泣けた」と、増田さんは振り返られています。

増田さんは「成功は、ときに嘘の友だちと本物の敵をつくる」ともおっしゃっていましたが、確かにその通りなのかもしれません。会社でも、成功すると近しかったはずの人に足を引っ張られるようなことがあるでしょう。でも、失敗したときに救いの手を差し伸べてくれる上司、心配して助言をくれる仲間も、きっといるはずです。苦しいときにそばにいてくれる人こそ、大切にしなくてはならない仲間なのかもしれません。

外の敵よりも厄介な「内なる敵」

人生の中で目指す山というのは、人それぞれ違います。途方もなく大きな山もあれば、小さな山が連なっていることもあるでしょう。目の前に見えている山だけでなく、まだ見えない山もあるかもしれません。しかし、すべての山に共通するのは、その頂を目指す過程には、必ずと言っていいほど困難が待ち受けているということです。その困難は外の敵によるものだけではありません。むしろ、それ以上に厄介なのが「内なる敵」、自分の中に生まれる恐怖心との闘いなのではないでしょうか。

「失敗するんじゃないか」という不安、その恐怖は、新しい山を目指している人なら誰しも抱くものだと思います。でも、そこで逃げずに真正面から向き合わなければ、そうした内なる敵に打ち克つことはできません。そのためには、その感情を一度言語化してみることが有効だと私たちは考えています。自分の感情を言葉で表現することで、それを客観的に見て、咀嚼するプロセスを経るものです。

私が2017年にフェローシップに招聘されて籍を置いたイエール大学には、Center for Emotional Intelligence（非認知能力研究センター）があります。ここでは、全米の数百校という小学校や中学校を舞台に、「感情を言葉で表現してみよう」という活動を展開しており、長年のサンプリングの結果、感情表現の語彙が豊富な子どもほど、感情コントロール力に長けていることが分かったといいます。

以前、東京都立大山高校では「哲学対話」の授業が行われていると新聞で読みました。お互いの意見は絶対に否定しないというルールのもと、何かテーマを決めて全員で話し合うのです。この手法も、自分の感情を言語化することと、根底に流れているものは同じだと思います。それまではSNS（交流サイト）に平気で「死ね」と書き込んでいたような生徒が、哲学対話で「死」というテーマについてみんなで考えたのをきっかけに、「死とは何か」「人は死ぬときに何を感じるのか」といった問いを持ち、以前のような書き込みをしなくなったそうです。それは、「死ぬ」という言葉の意味を自分なりに分解、咀嚼、吸収することで、精神面の変化が起こり、感情の発露の仕方が変わったということなのではないかと思います。

新たなことに挑む中で、思わず挫けそうなとき。その恐怖から目をそむけるのではなく、日記に書いたり親しい人に語ってみることで、道が拓けてくるかもしれません。

脳科学でも注目される「楽観力」の鍛えかた

何か困難を目の前にしたとき、人はつい、それを周囲の人や環境のせいにしたり、現実を悲観したりしてしまうものですが、冷静に考えると、そうしたことは何の解決にもならないことが分かります。そこから逃げることを考えるのではなく、もう一度「自分は何がしたいのか」という原点に立ち返って、自分を律し、また前へ向かう。それができるかどうかが、困難に打ち克つか挫折してしまうかの分かれ目になる気がします。

先に、自分の感情を言語化して冷静に向き合うことでコントロールできることもあると書きました。第1章でも紹介した、UWC ISAKでの授業「リーディング・セルフ」は、その延長線上にあるトレーニングとも言えるかもしれません。例えば友だちとケンカをしたとき、落ち込んだり、怒りに任せたりするのではなく、自分がどのような状態なのかをあえて言葉にしてみるのです。すると、だんだん冷静になって自身の行動を客観視し、その反省点も見えてくることがあります。

例えば、「ムカつく」という言葉があります。何かにいら立ちを覚えたとき、「ムカつく」としか言えない人と、その感情をいろいろな言葉で表現できる人とでは、後者のほうがはるかに自制心が高いわけです。「ムカつく」ときには、いろいろなきっかけがあるはずです。でも、それらすべてが一緒くたになった一つの言葉でしか表現できなければ、その違いは把握できません。豊富な語彙を使っていろいろな表現ができれば、そのときどきの状態がより的確に説明でき、自分なりに咀嚼しやすくなるのです。

今は、人体のメカニズムや心理学などの分野も研究が進み、従来は精神論的に扱われていた領域についても、かなり科学的に解明されてきています。その中でも私たちが特に注目しているのが、脳科学の進化と共に分かってきた「楽観力」の仕組みです。

世の中には、まったく同じ問題を見ても、「大変だ」「嫌だ」と悲観的に捉える人もいれば、「大変だけど、これはやりがいがある」「チャンスだ」と前向きに捉える人もいます。これは性格によるところもあるのですが、実は脳のトレーニングである程度コントロールできると言われています。例えば、毎日寝る前に5つ、その日うれしかったことや楽しかったことを考える人と、毎日寝る前に5つ、その日頭にきたことや嫌だったことを考える人とでは、1年経つと血圧値などの健康状態や脳のシナプスのつながり方に一定の差異が出てくるといいます。常にネガティブに考えているとネガティブに思考する癖が、いつもポジティブに物事を捉えられるとポジティブに思考する癖が、脳につくのだというのです。

ぜひ試しに、寝る前に「今日あった良いことや楽しかったこと」を3つは頭に思い浮かべて寝ることを、1年ほど実践してみていただけたらと思います。私は自分の子どもたちともこれを試していますが、最近は私が仕事で塞ぎ込んでいると、子どもたちから「おかあさん、今日楽しかったことを3つ言ってごらん」と言われるようになりました（笑）。

嘆くよりも大切なこと

そうは言っても、目の前にある状況が本当に大変で、苦しくて、つらいのに、自分を騙すことなんてできない！　そう思われる方もいらっしゃるかもしれません。そんなときに私がおまじないのように唱える言葉は、"Things happen for reasons（こうなっているのには必ず何か理由があるはず）"です。

前述したように、私はスタンフォード大学の大学院を修了した頃は、世界銀行が第1志望でした。書類や電話面接はうまくいったものの、ワシントン本部での最終面接で落ちてしまいます。そのときは半ば仕方なくユニセフのマニラ事務所に赴任するのですが、そこで見た光景や経験がなければ、この学校プロジェクトにはたどり着いていませんでした。

また、赴任先がフィリピンだったので毎月の有給休暇を使って夫に会うために帰国することができていましたが、ワシントンではなかなかそうはいかなかったと思います。その前にすでに大学院留学をしていましたから、あのままワシントンへ行っていたら離婚の危機もあったかもしれません。「ああ、あのとき世銀に落ちていて良かった」と、自分を慰める気持ち半分、本気で思う気持ち半分で振り返っています。

私の人生の中ではこういうことが何度もあったので、今回の学校プロジェクトで開校に必要な私学審議会の審議が土壇場で紛叫したときも、落胆はしましたが冷静でいることができました。開校が予期せず1年遅れてしまったと知った瞬間、呆然と立ち尽くす仲間たちに言ったのは、「これは必ずもっといい結果につながるために必要なステップだと思う」でした。1年遅れることでカリキュラムにより磨きをかけられ、

1年遅れることでよりいい先生や生徒たちを集める時間が生まれ、1年遅れることでより支援者が増えて万全な財務基盤でスタートを切れるかもしれない。今はそう信じて前を向いて進もう、と。そして気持ちをとり直し、開校を待ち望んでくれていたのに二度と私たちの学校を受験することができなくなってしまった数百名の中学三年生の志願者の方々へ、謝罪のお便りをつづったのでした。

難局を嘆いているだけでは、何の解決にもなりません。一見すると悲観的に思えるような状況からも意識的にいい側面を見出したりして、楽観できる材料を探してみること。仕方ないなと半ば潔く諦めて、前を向いて歩んでいくこと。そうして意識的に楽観力を発揮していくことは、ときとして論理的な思考力よりも、困難な状況を打開するうえで役立つのではないかと思います。

失敗と挑戦が人を育む

今こそ見習うべき薩摩藩の人事評価⁉

困難に挑む力は個々人で努力して磨いていかなければならないものですが、そこでは組織や社会も、そうして努力する人たちを正当に評価していく必要があると思います。先人たちもそのことは心得ていて、組織の仕組みにも取り入れていたようです。

歴史を遡ると、薩摩藩が明治維新の頃に採用していたとされる人事評価制度があります。この制度のもとでは、以下の順に高く評価されていたそうです。

(1) 新たなことに挑戦して、成功した人
(2) 新しいことに挑戦したが、失敗した人

(3) 自分では挑戦しなかったけれども、挑戦した人を手助けした人
(4) 何もしなかった人
(5) 何もせずに批判している人

翻って今の日本で、企業や学校などで実際に評価されている人たちは、ここでいうところの4番目や5番目が多い気がするのは私だけでしょうか。日本の社会では、ややもすると減点主義が主流になってしまいます。プラスの面に加点していくのではないため、何か難しいことに挑んで失点を重ねるよりも、何もせずに「あんな冒険をしたら危ない」と批判し、失敗する人を横目に「ほらね」と言っているだけのほうが、自分の評価は下がりません。困難に挑めば挑むだけリスクを背負い込むことになってしまい、何もしないか批判しているだけのほうが安全だと思われがちです。

しかし、イノベーションや新しい取り組みが求められるこれからの時代に、これは致命的ではないでしょうか。2番目の「新しいことに挑戦したが、失敗した人」がきちんと評価されなければ、1番目の「新たなことに挑戦して、成功した人」は現れませんし、3番目の「自分では挑戦しなかったけれども、挑戦した人を手助けした人」

がいなければ、2番目の人が1番目の人になれるはずがありません。日本でも幕末の先人たちはそれを理解して失敗も含めて挑戦を積極的に評価していたのに、その精神がいつの間にか忘れ去られてしまったのだとすれば、非常に残念です。

「失敗しても大丈夫、楽観的に構えましょう」と言うのは簡単ですが、失敗したときの代償があまりにも大きかったり、失敗したら二度と立ち上がれないような環境においては、やはりどうしても失敗を恐れて挑戦を避けてしまいます。あるいは、せっかく一歩を踏み出しても、途中で失敗するかもしれないと思ったら、ひるんで歩みが止まってしまいます。個人個人の胆力や訓練も大切ですが、社会全体として新しいことに立ち向かう人たちを賞賛し、失敗も寛容する文化を醸成していく必要があるのではないでしょうか。

アウトドアでの過酷な状況で培われる力

困難に挑む力を培うといえば、海外では特に、自然環境の中で心身ともに鍛える経験を教育に積極的に取り入れているところが少なくありません。米カリフォルニア州のサッチャースクールという名門進学校では、全校生徒で何十キロもトレッキングしたり、1人に1頭の馬が割り振られて餌やりから小屋の掃除まですべての世話をしたりするそうです。

UWCの創始者でドイツの教育哲学者であるクルト・ハーンは、アウトドアでの非常に過酷な状況に置かれたときに発揮されるチーム力、リーダーシップが大事だと考えて、1960年代当時からそれを教育に取り入れていました。彼の遺した有名な言葉に“There is more in us than we know if we could be made to see it; perhaps, for the rest of our lives, we will be unwilling to settle for less（我々は、自身の中に無限の可能性が眠っていることに気づかされることがある。そしてそのとき、より高みに挑戦せざるを得なくなるのだ）”というものがあります。彼は過酷なアウトドア環境の中でこそ、人はそうした自分の未知なる可能性と出合うと信じていたのだと思います。

そのため、UWC ISAKもそうですが、UWCのイギリス校やアメリカ校、ノルウェー校、そして私が通ったカナダ校も、都会ではなく大自然に囲まれた場所にあります。カナダ校では山岳救助と海洋救助がそれぞれ部活動になっていたり、ノルウェー校では全盲の生徒や足の不自由な生徒が冬山にチャレンジしたりと、それぞれの環境に合わせて独自のアウトドア活動も実施されています。

私自身もこの山岳救助隊に所属していましたが、毎週のようにロッククライミングや方位磁針の読み方を練習し、2年間の総決算としては、まだ薄寒いカナダの春山に、タープ（大きなプラスチック製の敷物）とロープとわずかな食料だけを持って登り、3人1組で数日間を過ごすというキャンプに臨まなくてはなりませんでした。夜は寒いし動物も来るので、昼のうちに自分たちで燃えやすい枝を集め、夜は順番に起きて火の番をしました。コンタクトレンズはできず眼鏡で活動したので、朝起きたら、眼鏡をしていない部分は顔がススで真っ黒になっていたのを覚えています。

以前は日本の進学校でも、遠泳をしたり、長距離をトレッキングしたりする本格的なアウトドア活動が取り入れられていました。ところが最近は、何か少しでもトラブルが起こると、すぐにその活動が全面禁止になってしまう傾向があるように思います。公園の遊具なども、危ないからと撤去されるケースが増えてきました。確かに一部には設計上の不備、もしくは経年劣化などによって危険な遊具もあるとは思いますが、中には事なかれ主義で、よく議論もしないまま撤去してしまったものもあるのではないでしょうか。そういった社会の風潮は、子どもたちの成長の芽を摘んでしまう恐れがあります。

抗えない自然環境の中で、自分を律し、前に進む。そのような困難に挑む力を培うことができるアウトドア体験こそ、もっと教育の本流に取り入れていくべきなのではないかと私は考えています。私自身も小さい頃から登山をし、冬はスキーばかりしてきたので、山の怖さは分かっているつもりですが、きちんとリスクを知って適切な準備をしたうえでするチャレンジは、無謀なことではありません。日本各地でそれぞれが地域の特性を生かして全員でアウトドア教育に取り組めるようにし、もっと力を入れてみてもいいのではないでしょうか。もちろん、大人になっても、山のみならず海も含めて、大自然の中で自分と向き合う時間は貴重な経験になると思います。

スポーツ教育とは違うアウトドア教育の醍醐味

私たちの学校は、浅間山のふもとの緑豊かな別荘地にあります。教室や寮の建物もこの場所の雰囲気に溶け込んでいて、言われなければ学校だと気づかないほどです。

アウトドア活動で、浅間山に登る生徒たち。登山のほかにもスノーシューイング、カヌー、キャンプなど活動は多岐にわたる

一番近いコンビニエンスストアまで行くのも、徒歩で20分。街中に出る機会は限られています。いわば陸の孤島で、かなり「不便」でもあるわけですが、学びに打ち込める環境です。自然の恩恵も日々感じられます。晴れた日は外に出て授業をするのを好む教師は大勢いますし、生徒たちも木陰のベンチに座って課題に取り組んだり、テラスのテーブルでグループ・プロジェクトに勤しんだりする光景がよく見られます。

アウトドア活動は、UWC ISAKでも重要視していて、生徒は全員、在学中に周辺の山へ登ります。生徒の経験知やレベルによって登れる山は異なりますが、上級レベルになるとかなり本格的なもので、大きな荷物を担いで浅間山や榛名山《はるなさん》、八ヶ岳などに挑みます。GPS（全地球測位システム）などのデジタルツールには頼らず、地図とコンパスを使いながら自分たちの力で登るのもポイントです。アウトドアの経験豊富な教師が同行し、緊急時の対応などに当たりますが、プランニングや実施は基本的に生徒たちが主体になって行います。

同じ課外活動でも、スポーツによって心身を鍛錬するタイプがあります。もちろん、それ教育的な効果は非常に大きいのですが、スポーツには厳密なルールが設けられ、それに則って活動する側面があります。言い換えれば、そこで起こる困難は起こり得る範囲が想定しやすく、コントロール可能な部分が多いと言えるかもしれません。

それに対して、アウトドア活動は自然が相手。人間の力ではどうしようもない要素が絡んできます。急な天候の変化に対応したり、予期せぬルート変更を強いられたり、仲間とはぐれたり、さまざまなハプニングが待ち受けているのです（ちなみに前述の山岳救助隊のキャンプのときは、忘れっぽい私が缶オープナーを忘れ、3人でシェアするために持参した豆の缶詰を開けるためにナイフで必死に格闘したことが忘れられません）。初めて直面するような困難に出合い、そこで自分の感情をどうやって前向きにしていくかという課題を否応なく突きつけられることになります。

自然の脅威とは関係ありませんが、ある年のサマースクールで登山をしたときに、「山頂で食べるはずの昼のお弁当が届かない！」なんてハプニングが起こったことがあります。教師と中学生の生徒たちが歩いて山頂を目指すのに合わせて、車に積んだ全員分のお弁当が届けられる予定だったのですが、なんとその車が間違えて違う山頂へ行ってしまったのです。

連絡を受けて事態を悟った教師は、開口一番、生徒たちにこう語りかけました。「もし自分が期待していたことが起きなかったとき、みんなはどうする？」と。それはまさに、その教師が教えていたリーダーシップの在り方にも通じるような問いかけでした。真剣に聞き入る生徒たちに、彼はこう続けたのです。「期待が裏切られると、嫌だなぁとネガティブに捉えてしまいがちだけど、これも経験だとポジティブに受け止めて次の行動に移すこともできる。私なら、後者を取るけど、みんなはどう思う？」。

「私も行動に移したい！」と生徒たちが思いを一つにしたところで、「実は、お弁当が届いていないんだ」と伝えると、当然ながら「えー！」と声が上がりました。しかし、生徒たちも思わず吹き出し、「念願のランチを食べるためにも、もうひと踏ん張り、下山するしかない！」と全員で一致団結、誰もが笑顔で無事に下山したのでした。こうした想定外のあらゆることに対応していく経験は、実社会で困難に打ち克つためのベースともなる大きな学びになるのではないかと思います。

高校では、車で弁当を山頂に運んでもらえるようなところには登りませんから、もっとたくさんのチャレンジを必要とする場面が発生します。第1章で紹介した女子生徒の例のように、重い荷物を持って、疲れ果て、まだ山頂が影も形も見えないとき、突如雨が降ってきてずぶ濡れになったら……。私たちは前向きに自分を律することができるでしょうか。アウトドアは、自然の中で癒やされるということに加えて、人生における大切なレッスンを与えてくれると思います。

台風の甚大な被害にも
自ら立ち向かった生徒たち

自然の脅威は、ときとして想像以上の困難をもたらします。2019年の台風19号はUWC ISAKでも大きな被害となりましたが、そこには感動させられるような生徒たちの姿がありました。くしくも彼ら、彼女らが培ってきた困難に挑む力を、目の当たりにすることになったのです。当時、校長のロデリック・ジェミソンがつづっていたブログを、最後に紹介したいと思います。

2019年10月。東日本に甚大な被害をもたらした台風19号は、私たちのキャンパスにも爪痕を残していました。台風が通過した朝、目にしたのは、たくさんの木々が幹ごと折れ、なぎ倒された荒々しいキャンパスの姿でした。幸いけが人も出ず、建物や寮も無事でしたが、この後5日間にわたってキャンパス全体が停電と断水に陥ろうとは、このとき誰も予想していませんでした。

その朝、生徒や教師たちが寮の階段を一段一段、まるで幽霊でも見るかのような表情で下りてきたのを覚えています。それでも、多くの生徒や教職員が、自分は何をしたらよいかと誰かに尋ねることもなく、自然に自ら行動を起こしたことは特筆すべき点でしょう。生徒たちはこのとき、自分たちにとって重要なことは何なのか、また周囲に求められていることは何なのかを見極めようとしていました。これはまさに本校が大切にしている力でもあります。

台風19号で被災したキャンパスの写真。何十本もの木が倒れ、キャンパスは5日間の停電と断水に見舞われた

生徒たちは誰に指示されることもなく、あちこちに散らばった枝を拾って道路をきれいにしたり、寮で暮らす全員の安否を確認したり、迅速にタスクに取り組めるようグループに分かれたりしていました。以前、私は他の学校でも自然災害に遭ったことがありますが、生徒たちが指示を待たず、自ら行動していくのを目撃したのは、この学校が初めてです。

また、停電の影響でWi-Fiも電子機器も使えず、効果的なコミュニケーションが取れない状態だったことに対し、生徒たちは校舎の前にメッセージボードを設置し、バスや発電機、食事についての最新情報を共有しよう、と提案してくれました。この世代は電子機器でコミュニケーションするのが当たり前ですが、彼らはこの状況に順応し、携帯やコンピューター、タブレットがない環境でも、できるだけ仲間たちとのコミュニケーションを取るように努めていました。それどころか、このような状況だからこそお互いに助け合い、支え合い、事態を前向きに捉えようとしていたのです。

私はいつかこのときのことを、まるで家族のようなこのコミュニティを、誇りと喜びを持って思い出すでしょう。私たちは逆風に負けず、常に行動を起こしてきました。本校のモットーにもあるように、生徒一人ひとりが一度きりの人生を思い切り生き、自らの立つ場所から世界を変えることを、心から願っています。

さらに、生徒たちの中には、台風で洪水に見舞われた長野県飯山市へ支援に出かけた有志もいました。また、「釜石プロジェクト」としてＣＡＳの活動で岩手県にいた生徒たちは、その目的を本来のラグビーワールドカップの主催地である地域の観光支援から、台風の被災地支援に切り替え、困っている人々に手を差し伸べました。彼らはラグビーのカナダ代表チームと一緒になって、台風被災地の支援活動を行ったのです。

これらのグループに代表されるように、本校の生徒たちが自分たちのことだけでなく、コミュニティを超えた場所で他者に手を差し伸べる姿を、私はとても誇りに思っています。困難な状況においても、求められていることを見極め、自ら行動を起こしていく。これは、UWC ISAKが育成するリーダーシップにも欠かせない力です。

ケーススタディ

南谷真鈴

Minamiya Marin

登山家

1996年12月生まれ。2015年のアコンカグア（アルゼンチン）を皮切りに現在までに、キリマンジャロ（タンザニア）、モンブラン（フランス）、マナスル（ネパール）、コジオスコ（オーストラリア）、ヴィンソン・マシフ（南極大陸）、南極点到達、カルステンツ・ピラミッド（インドネシア）、エルブルス（ロシア）、エベレスト（ネパール）、デナリ（アメリカ）を征覇。16年5月にエベレストに登頂し日本人最年少記録を更新、同年7月にデナリを登頂したことで7大陸最高峰（セブンサミッツ）の日本人最年少記録を更新。17年4月に北極点に到達し、「エクスプローラーズ・グランドスラム」達成の世界最年少記録を樹立。早稲田大学政治経済学部国際政治経済学科在学中。

日本人最年少の19歳で世界最高峰の登頂に成功

抗いようのない自然にも果敢に挑む実践者として私の脳裏に浮かぶのは、南谷真鈴さんです。早稲田大学政治経済学部に在籍しながら、日本人最年少の19歳でエベレスト登頂に成功。さらに、世界7大陸の最高峰制覇、南極と北極点の到達によって、世界最年少でエクスプローラーズ・グランドスラムを達成したのです。

南谷さんとは、知人の紹介で会いました。第一印象は物腰が柔らかく知的な女子大生といった感じで、果敢に山に挑む勇ましい登山家のイメージとは大きなギャップがありました。

話を聞いて驚いたのは、16～17歳の頃に山に登ろうと決心した後の行動です。エベレストなどの世界最高峰レベルとなると、自費というわけにもいかず、スポンサーなしには登れません。しかし、お金を集めるにはそれなりの意義が必要です。そこで「日本最年少」ということを訴求しようと思いつき、入念に登頂計画を立ててスポンサーを説得に行ったのだそうです。その発想力や行動力には目を見張るものがあります。

さらに特筆すべきは、南谷さんの行動がすべて内発的な動機に突き動かされている点です。彼女は過去に1度、日本の冬山で滑落してしまい、死にかけた経験があるそうです。斜面を真っ逆さまに落ちながら、「もうダメか」と思ったものの、「でも、生きたい」と心の底から祈ったら、何もないところでぴたっと止まったのだとか。そこで「ああ、自分は山に生かされた」と思ったといいます。

でも普通なら、そんな生死に関わる経験をしたら、怖くなってやめてしまうのではないでしょうか。南谷さんは、「そこでやめたら自分の人生に負けてしまう。私は山に生かされた。山に挑戦を諦めるなと言われているような気がした」と言っていました。それを聞いて、私までが大地の持つ偉大な力に圧倒されるような思いがしました。彼女の穏やかで優しい瞳の奥に、意志のある強い光が宿っているのを感じ、胸が熱くなったのを覚えています。

しかし、どれだけ強い内発的な動機があっても、苦しい場面では弱気になってしまうのが人間です。それは南谷さんも例外ではなく、エベレスト登頂の準備として世界7大陸の最高峰を全踏破する計画を立てたものの、その初っ端で言い知れぬ恐怖心が込み上げ、「このまま登山を続けられるだろうか」と悩んだ日々もあったそうです。スポンサーシップをはじめ、自分だけではない多くの期待を背負えば、「もし登れなかったらどうしよう」という不安に駆られてもおかしくありません。しかし、本来の目的であるエベレスト登頂のはるか手前でつまずいてしまって、涙が止まらなかったといいます。

南谷さんは、そんなピンチをどう切り抜けたのか。きっかけとなったのは、たまたま山のふもとにアトリエを構えていた山岳画家からのアドバイスでした。「今抱えている不安を文章にしたり、絵に描いてみたりしてはどうか」と言われたのだそうです。実際にそうやって自分の心を表現してみると、そこで自分に向き合うことができ、落ち着きを取り戻すことができき、彼女はまた目の前の山に挑めたといいます。まさに、リーディング・セルフにも通じるやり方です。

自然との闘い、そして自分自身の体力、精神力との闘い。登山は非常に過酷です。それでも登り続けるのは、「現実にある山を登りながら見えない心の山も登り、自分と向き合うことができるからだ」と語っていた南谷さん。困難に挑戦し続けることは、やはり自分自身を高めることにもつながっているのだと、改めて感じさせられる言葉でした。

第5章　「自分らしく生きる」とは？

✓一歩を踏み出してみたいし、困難も乗り越えたいと思うけれど、どっちの方向へ向かえばいいの？

✓いくつか選択肢がある中で、どの選択が自分にとって最適なのか、いまいち自信が持てない。

✓結局、私の「自分らしさ」って、何なのだろう……？

ガンジーの遺した有名な言葉に、“Live as if you were to die tomorrow. Learn as if you were to live forever（明日死ぬかのように生きなさい。永遠に生きるかのように学びなさい）”というものがあります。たった一度しかない人生。それを自分らしく生きようというのは、UWC ISAKのモットーでもあります。自分らしく生きるということは、どう生きるのが自分にとって最も後悔がないのかということとも直結していると思います。後悔のない選択をするには、自分にとって本当に大切なものは何なのかという問いと、常に向き合っている必要がある気がします。

もしかしたら明日、自分は死んでしまうかもしれない。そんなふうに考えて究極の選択をする人は、それほど多くないかもしれません。ただ、人生一度しかない中で、挑戦したい気持ちを大切にするのか、家族との時間を大切にするのか、できるだけお金をたくさん手に入れるために行動するのか。自分が何を「軸」に取捨選択をするのかは、常に意識して判断したいものです。

実際には、どんどん寿命は長くなっていて、私たちがこれまでよりずっと高齢になるまで働く未来は、すぐそこまで来ています。見方を変えれば、昔よりずっとやり直しのきく時代だとも言えそうです。自分自身の内なる声に耳をすませ、社会のニーズを肌で感じ、ガンジーの言うように、永遠に生きるかのように学び続けることで、何度も挑戦できる時代だとも言えるかもしれません。

自分だけの「北極星」を見つけよう

周囲のプレッシャーから解き放たれて

変化が激しく、あらゆる予測が成り立たなくなっている、今の時代。どうなっていくのか分からない世の中だとしても、それをただ恐れるのではなく、その変化にも柔軟に適応しながら、しっかりと自分の軸や指針を持ち、自分らしく生きていけるような素地を培っていくことが大切なのではないかと思います。

UWC ISAKで行われているあらゆる授業には、国際政治でも生物でも、こうした理念が反映されています。目の前にあるものに、常に疑いを持つこと。単に知識を取得するのではなく、自分が学んだことが実際の社会とどのようにつながるのかを考えること。これは教師たちが日々教えていることですが、世の中のすべての事象について、誰かの受け売りではなく自分自身で考えていくことは、この時代を生きていくうえで大きな力になるはずです。

米ハーバード・ビジネス・スクールの短期コースで私が師事したビル・ジョージ教授によるリーダーシップの授業でも、“True North”という概念が紹介されています。North が表しているのは、コンパスが示す「北」のこと。「真実の北」とは、つまり「自分自身が目指している本当の方向＝北極星を見極めよ」というメッセージなのです。

ビジネススクールに来るような学生には、環境分析をしてトレンドを捉え、何が有利なのかを頭でロジカルに考える癖がついているところがあります。しかしそれが、本当に自分が信じて突き進むべき答えなのかと言えば、そうではないこともあります。私たち社会人も、周囲からのプレッシャーによって長いものに巻かれ、本当に自分が目指したいものとは違う方向を目指さざるを得なくなった、ということがあるのではないでしょうか。

ジョージ教授は“authenticity（真正性）”を大切にせよ、と説きます。偽りのない本当の自分や自分の価値観を常に追究していくことが、これからのリーダーに求められる資質であるということは間違いない、と。『True North リーダーたちの羅針盤』（生産性出版）という本も出版されているので、興味のある方はぜひ読んでみてください。

コンパスの針は磁界に入ると、くるくると回ってうまく北を示せないことがあります。それと同じように、私たちも大きな波の中にのみ込まれると、感覚がずれてしまうことがあるかもしれません。だからこそ、自分にとっての「北」はどこなのかを、もう一度確かめることが大切になってきます。最初はいろいろな揺らぎもあるでしょう。でも、その揺らぎを経て、自分の奥深くにある価値観と向き合い、突き詰めて見つめる先に、ようやく北極星の位置、本当の自分自身の人生が見つかるのだと思います。

自分はどう生きたいかを見定めて追求することは、自分で人生を選択するということでもあります。その充実感はひとしおです。私も、日本がこれからもっと一人ひとりの個性や特性が生かされる国になっていってほしいと願っていますし、多様な個性が見出され、育まれ、活躍の場が与えられれば、社会はより活性化していくはずです。自分で自分のレールを敷く、まさにそういう時代を迎えているのではないでしょうか。

悩んで迷って当たり前

企業などに講演に行くと、「小林さんは、ずっと学校をつくりたいと思っていたんですか」とよく聞かれます。でも、もうお分かりのように、私は自分のやりたいことを見定めるまでに、社会人になってからも10年以上模索を続け、周囲から驚かれるほど転職を繰り返してきました。自分の目指す方向性というのは、そうそう簡単に見つかるものではありません。私の一見支離滅裂に見えるキャリアについては、すでに少し触れましたが、ここでもう少し詳しく経緯をお話ししたいと思います。

先に述べたように、ソーシャルワーカーとして働く母の姿や、留学中や大学のゼミで発展途上国の実情を肌で感じる機会に恵まれたことが、私の原点にあり、大学時代に就職活動を始めた当初は、漠然と世のため人のためになることをやりたいと考えていました。そこで、世のため人のためなら官公庁や国際機関だろうと、OB・OG訪問をしました。

すると、親しかった先輩から真顔で忠告されました。「あなたは理不尽なことに耐えられない性格だから、やめたほうがいいのでは」と。10年は下積み生活で、本当にやりたいことができるようになるまでに、ときとして20年は理不尽な状況も我慢しなくてはいけないというのです。なるほど、それは私の性格上、無理そうだと素直に思いました。

年齢や経験に関係なく言いたいことがはっきり言えて、チャンスが与えられて、実力主義で働ける場所がいい。それはどこだろうかと考えていると、外資系企業を勧められました。正直、心から金融に興味があったかというとそうでもなかったかもしれませんが、面接で出会った当時の上司たちがあまりに優秀で魅力的だったことにも背中を押され、20代のうちは社会勉強でスキルを伸ばす期間だと割り切り、モルガン・スタンレーに入社することにしたのです。

そこでたまたまＩＰＯ（株式公開）の部署に配属されたとき、20代の起業家たちが上場していく姿を目の当たりにしました。自分と5歳ほどしか変わらない人たちが自らの手で会社をつくり、多くの顧客のニーズを摑み、金融市場でさらに大きな資本を手にし事業拡大をしているのです。外資系金融は、会社勤めの中では相当若くから権限を与えられる仕事だとは思いましたが、ベンチャー企業のほうがもっと早く成長できるのではないかと思ったのが、その後にＩＴベンチャーに転職したきっかけでした。

実は、IPO候補のリサーチをしていたとき、「面白いことをやっているけれど、ビジネスモデルに改善の余地があるのではないか」と思い、おせっかいにもその会社の社長宛てにアドバイスのメールを送ったのが、その転職先とのご縁となりました。その社長からはすぐにメールの返信があり、ぜひ会いたいと言われました。会って話すうちに「一緒にやらないか」と誘われ、取締役情報戦略部長という役職で入社したのです。

肩書きは立派でしたが、人手の足りないベンチャーなので、できることは何でもやりました。最初は赤字続きで苦労が絶えず、年収もモルガン・スタンレー時代の半分に。それでも、小さいフラットな組織でいろいろな仕事を任せてもらい、早いスピードで物事を進めていけるのは私の性分にも合っていて、楽しくやりがいもありました。そして何より、大きな組織の後ろ盾もなく、学歴もさして物を言わない世界において、自分と仲間の実力だけで結果を出さなくてはいけない環境は、私をとても謙虚にしたと思います。「名刺を脱いだ」ときの裸一貫の自分がいかに無力か。また、人を所属や肩書きで評価するのを一切やめようと決めたのも、この時代です。

でもまだこの時期の私は、自分の方位磁針が指し示す「北」がどこにあるのか、うまく見出せていなかったと思います。

ブレても、そこで見えてくるものがある

外資系金融やITベンチャー企業で、社会人としてのスキルを磨いたり自分の人間性を叩き直したりはできていた私ですが、社会人5年目になる頃、「これが本当に自分のやりたいことなのだろうか」と自問自答する時期が訪れます。運命とは不思議なもので、それがちょうど10年に1度しか開かれないUWCカナダ校の同窓会があった年だったのです。先にも書きましたが、10年ぶりの同級生たちといろいろな話をする中では発見が多く、当時の原体験まで蘇ってきました。

若いうちは経験を積む期間だからと、それまでは「仕事を通じて勉強したい」「優秀な人たちの中で働きたい」「自分の能力を発揮したい」といった思いをもって働いていたのですが、その同窓会を機に、「そろそろ自分も、本当にやりたいことに舵を切るタイミングなのではないか」と感じるようになったのです。

さらに、それを後押しするような出来事もありました。その帰りの飛行機で、たま

たまダブルブッキングで座席がアップグレードされたのですが、そこで隣り合わせたのが、なんと外務省北米局長（のちに駐米大使）の藤崎一郎さんだったのです。そんなことはつゆ知らず、カナダから東京までの約9時間、いろいろなお話をさせていただきました。やけに国際情勢に詳しい方だなと思っていたら、もうすぐ到着という頃に名刺交換をして謎が解けました。そんな藤崎さんの話にも大きな刺激を受け、世のため人のためになる仕事がしたいという思いはより強くなりました。

そして、国際協力銀行へ転職することを決めたのです。フィリピンで電力や鉄道、港湾を担当することになったのですが、そこで支援する対象は、ほとんどがインフラ関係。発展途上国の経済全体をサポートするうえでインフラはとても重要なのですが、どんな出自の人にも等しくチャンスが与えられる世界をつくることに貢献したいという私の思いとは、少しベクトルが違う活動でした。

ただし、その経験もまた「私が本当にやりたいことはなんだろう？」と自分の思いを深めることにつながりました。もともと、「できれば国際社会の中で人のためになるような仕事に就きたい」というくらいの漠然としていた私の夢は、国際協力銀行での経験を経てより具体的になりました。

私が最も根本的に関心があるのは機会の不均等であり、それを解決するのは教育分野なのだと、明確に自覚したのです。ただ、国際協力銀行では教育関係の案件はほとんど扱っておらず、私自身も教育の専門家ではありません。まずは勉強からだと、スタンフォード大学大学院に留学して教育学の修士号を取るという選択をしました。

4回の転職で初めて摑んだ自分の使命

修了後ユニセフに入り、フィリピンの貧困層の教育支援に携わります。すでに書いたように、そこでの経験から、今度は「教育が本当に社会をより良い方向へ導くには、貧困層支援だけでなく、また別のアプローチも必要なのではないか」という思いに至ります。加えて、国際協力銀行とユニセフで働いてみて、大きな組織で、しかも年次予算で物事が進むようなゆっくりとした公的機関が、自分の実力を発揮するためにベストな場所かも分からなくなっていました。

また悩み始めてしまうのです。そんなときに出会ったのがUWC ISAKの発起人代表となった谷家さんです。彼は、初対面の私に「アジアの未来を担えるようなチエンジメーカーを輩出する学校をつくらないか」と熱く語ったのです。それまでまったくなかった発想でしたが、まさに私が悩んでいたことを一気に解決してくれる夢のようなプロジェクトだと思いました。プライベートセクターのスピード感で、自分でリスクも責任も負いながら、教育分野に魂を込めて打ち込むことができる、と。

4回目の転職にして初めて、「私はこのプロジェクトのために生まれてきたのかもしれない」と感じました。改めて振り返っても、本当にいろいろな回り道をしてきたなと思いますが、そういう試行錯誤の中で自分の"True North"を探し続けてきたからこそ、今の私がいるのだと思います。24歳から34歳までの10年間で留学も含めると5カ所を転々としてきた私ですが、このプロジェクトだけはもう12年続けていますし、目が回るほど忙しいけれど一度もストレスを感じたことはありません。

迷うこと、悩むこと、やってみたけれどちょっと違うなと思うこと。どれも人それぞれの"True North"にたどり着くために必要なステップなのかもしれません。

すべての経験は肥やしになる

私のキャリアがあまりに支離滅裂なので、「外資系金融やＩＴベンチャーに行ったことを後悔していませんか？」「今新卒に戻れるなら、どんな就職活動をしますか？」などとよく聞かれます。

そんなときに私が決まってお答えしているのは、「どの回り道も無駄になっていないし、それぞれの場所での経験があるから、今の私がいる」というものです。私に基礎的な金融知識や中長期キャッシュフローに関する理解がなければ、誰が最初の10億円などという大金を託してくれたでしょうか。

ベンチャー企業で赤字に喘ぎながらも前向きに仲間たちと挑戦した経験は、今も私の起業家としての原点であると思います。国際協力銀行での経験がなければ、「やはり開発協力の中でも教育がやりたいのだ」と定まらなかったと思いますし、ユニセフでの経験が教育の中でも「チェンジメーカー」に私の目を向けさせてくれたのは前述の通りです。

アップルの創業者のスティーブ・ジョブズが、２０１５年のスタンフォード大学での卒業式で行った有名なスピーチの中に、“You can't connect the dots looking forward; you can only connect them looking backwards（人生にはいろいろな出来事があって、それらが将来的にどうつながっていくのかをあらかじめ予測することは難しい。振り返ったときに初めて、つながりに気づくものだ）”という言葉があります。

彼は続けて、“So you have to trust that the dots will somehow connect in your future. You have to trust in something — your gut, destiny, life, karma, whatever（だから君たちは人生のいろいろな出来事がいつかはきっとつながって、意味をなす日が来ると、信じて生きるしかないのだ。自分の直感、運命、人生、天命を）”と語っています。私が自分の人生を振り返るとき、真っ先に思い浮かべる言葉です。

自己肯定感はいかに培われるか

日本で起業家が増えない理由とは？

アメリカや中国など諸外国に比べて、日本は起業家を目指す人がとても少ないと言われています。日本人の謙虚さは美徳でもありますが、それは同時に自己肯定感の低さにもつながっているようです。自分にも、自分らしい何か新しいことができる、物事を変えていけるチェンジメーカーになれるという自信、前向きなマインドが相対的に低いのを感じます。

実際に統計データを見ても、日本の生徒は経済協力開発機構（OECD）によるOECD生徒の学習到達度調査（PISA）の点数は高いのに、それに反して自己肯定感が非常に低いのです。内閣府の資料によれば、13〜19歳を対象にした国際調査でも、

「自分自身に満足しているか」の項目にイエスと答えたのは、アメリカが89%、イギリスが83%、フランスが82%なのに対し、日本は45%で調査対象国最下位でした。先進国で50%を切っているのは日本だけなのです。

さらに、自分に起業家になる資質や能力があるかを自己評価してもらう項目では、アメリカが55・7%、日本は13・7%でした。これも、先進国の中では最下位です。この調査はアジアのデータが少ないのですが、日本よりは高いものの、韓国で26・7%、シンガポールは24%と低めの結果。大量生産方式の詰め込み型教育を行って国力は強くなっても、自ら何か始めようと思う人はなかなか増えないということを、象徴的に示しているようにも感じます。

それでも、その13・7%には希望があるのかもしれません。私が学生だった頃は東京大学卒業生の中で起業希望者はほぼ皆無でしたが、今は理系を中心に起業する人がずいぶん増えていると聞きます。ベンチャーに対する支援体制が整ってきていることも大きいと思いますが、少しずつ新たな兆しが出てきているとすれば、喜ばしいことです。UWC ISAKでも、これからの時代のチェンジメーカーになってくれそうな起業家の卵が育っているのを、日々頼もしく眺めています。

自分らしくいられる安全地帯

ときどき、「UWC ISAKって、世界を変えたいと意気込んでいる人たちばかりが集まっている場所なんでしょう」なんて、誤解されることがあります。もちろん、そんなことはありません。そんな高校生だけしかいない学校だったら、ちょっと不自然ですよね。世界を変えるチェンジメーカーというのは、何者にもとらわれることなく自分らしい道を進んだ結果としてあるもので、最初からそれを目標にして躍起になっているわけではありません。

むしろ私たちは、優秀な彼ら、彼女らが、社会や両親からの期待値、周りからのプレッシャーから解き放たれて、本来の自分を知る場を提供することが、最も大事だと考えています。そして将来、「自分は一体何者なのか」という問いの答えが出たときに初めて、本当の意味での変革が起こせるのではないでしょうか。

授業参観に来た生徒のご両親からも、「こんなにのびのびとして、楽しそうに笑っている我が子を初めて見た」といった感想をいただくことがよくあります。また、「サマースクールから戻った我が子が階段に座って涙しているので何かと思えば、『僕は、初めて自分に嘘をつかなくていい場所を見つけたよ』と言われた」という親御さんもいらっしゃいました。日本人の生徒たちだけでなく、いろいろな国の方がおっしゃいます。日本だけでなく、まだまだ他の国でも、本当の自分を見つけるための教育を誰もが受けられる環境にないというのが実情なのかもしれません。

生徒たちからは、「UWC ISAKは自分が自分らしくいられる安全地帯だ」という言葉をよく聞きます。みんながあまりにも個性的なので、それが宗教の違いなのか、国籍の違いなのか、貧富の差なのか、はたまたそれぞれの性格に根差しているものなのか、もはや見当もつかないほどなのです。違っているのが当たり前の世界では、他人の基準に自分を無理やり当てはめる必要も感じません。それまで無意識に感じていた無言の縛りから解放されることで、みんな自分らしくなれるのかもしれません。

生徒主体で学ぶということ

ここで間違えたくないのは、「自分らしくある」とは、わがまま勝手にふるまうことや、勉強なんてどうでもいいと投げ出すことではないということです。例えば、アメリカのブラウン大学はすべてがオープン・カリキュラムで、必修科目がなく、4年間のうちに自分がやりたいことを自分で選ぶ仕組みになっているのですが、そこへ進学したある日本人の女子学生は、こんなふうに語っています。

「周りの人からは、『すべてオープン・カリキュラムだなんて、怖くてできないよ』と言われることもありましたが、自分にはこの大学が合っていると思います。これほどユニークな大学に自分で挑戦してみたいと思えるようになったのは、UWC ISAKの授業があったからだと思います」

彼女にどんな授業が印象に残っているかを聞くと、こんな答えが返ってきました。

「経済学の授業です。驚くことに、先生は授業で一方的にレクチャーをすることがありません。経済の弾力性、企業理論など、トピックだけが決まっていて、生徒は教科書やビデオ学習など自分の好きなスタイルで主体的に学んでいくのです。もちろん先生からフィードバックはもらえますが、『その科目を選択したのは自分。本当に興味があるのなら、自分で勉強すべきだ』という考え方をされている先生でした。

最初は少し戸惑いましたが、自分で計画を立てて勉強するスタイルは私に合っていました。最初のうちは配布されたIB（国際バカロレア）の分厚い教科書をとにかく読み込んで、中身を覚えるやり方をしていたのですが、それでは学習が表面的になってしまうと思うようになりました。

教科書はすごくきれいに整理されていますが、いつの時代にも当てはまることしか書かれていません。IBのテストでは、例えば『1年以内の具体的な事例を用いてインフレーションの対策にどのような政策が適切かを論じよ』などと、今起きていることと理論をリンクさせる必要がありました。

先生にははじめから『自分が主語になって考えるべきだ』と言われていたのですが、その意味を理解するまでには時間がかかりました。この経済学の授業を通して、学習はあくまでも生徒が中心であり、自分の教育には自分で責任を持たなければならないのだということが分かりました」

こうした「自分が主語になって考える」授業は、誰かの受け売りではなく、自分自身で考える力を育てていきます。そうやって自分自身を確立していくことで、自分の内なる声に耳を傾け、本当にやりたいことに真正面から向き合い、追求していくことに、つなげられるのです。それが思う存分できる場を、私たちはこれからもつくっていきたいと思っています。

あえて「ギャップイヤー」を選ぶ生徒も

自分らしく生きるという意味では、その選択はキャリアを選ぶよりも早い段階で始まっています。私たちの生徒にとってみれば、卒業後の進路がその一つです。

2020年には4期生が巣立っていったUWC ISAK。進路は半分以上がアメリカの大学で、いわゆるアイビー・リーグ、イエール大学やペンシルベニア大学、ブラウン大学に加えて、カリフォルニア州立大学バークレー校などですが、その他のカナダやイギリス、オーストラリアといった英語圏の国の大学を選ぶ生徒もいますし、日本の大学に進学する生徒も1割ほどいます。

日本の大学を選ぶ生徒は日本人だけでなく、留学生にもいます。国際基督教大学や早稲田大学国際教養学部など、日本の大学でも英語で学べる学部は増えていて、英語での受験が可能な大学もあるのです。また、海外との架け橋になる人材を輩出したいと、日本財団が奨学金を出してくださっていることも大きな後押しになっています。募集枠は毎年5名の狭き門ですが、授業料のほか、毎年母国に帰る航空券と生活費も支給される非常に魅力的な奨学金制度です。私たちとしても、世界から来た優秀な生徒たちが日本国内に残ってくれて、将来的に海外との架け橋になってくれるとすれば、とてもうれしいことです。

また、生徒たちが選ぶ進路の中でもとりわけ本校らしいのは、卒業後にすぐ進学しない「ギャップイヤー」を選択する生徒が1割ほどいることでしょう。私としても、非常に誇らしく思っている点です。

日本ではあまり馴染みのない言葉ですが、ギャップイヤーというのは、高校や大学を卒業後、そのまま進学や就職をするのではなく、学校生活の中ではできなかったことにチャレンジする期間を設けるという選択です。ギャップイヤーを取った生徒たちがどんなことにチャレンジしたのか、ここで少し紹介させてください。

ある生徒は、「セメスター・アット・シー」に参加しました。これは、船で世界中を旅しながら異文化を体験するユニークなプログラムです。また、韓国の制作会社と一緒にドキュメンタリーフィルムを撮影した生徒もいました。果敢にアプリ開発のスタートアップに挑戦している生徒もいます。

また、ある生徒は最初、エンジェル投資家から資金を提供してもらって事業開発に取り組んだのですが、うまくいきませんでした。しかし、すぐに2回目のチャレンジをし、なかなか良いビジネスモデルを考えたのですが、またしても頓挫。しかし3回目の挑戦で、とうとうビジネス・コンペに入賞。「ようやく現実味のあるビジネスが始められそうだ」と語っていました。いつも失敗を恐れず、前回の反省点を克服して次に生かそうとしている姿を、私たちもとても頼もしく眺めています。

最近では、一度働いた後に再び学校に戻ることを繰り返しながら、生涯学び続けるというリカレント教育も注目されています。UWC ISAKの卒業生にも、起業して初めて自分に足りない力があることが分かったと、改めて大学に進学する生徒がいました。

変わる学校教育の尺度

一方で、学校で学ぶ中でいろいろな刺激を受け、視野が広くなった結果、かえって進むべき道が分からなくなったと悩み始める生徒もいます。入学当初から医師や弁護士になる夢を持っていたけれども、実はそれは親の意向や周囲の環境に影響されていたのだと気づき、本当に自分がやりたいこと、進むべき道は違うのではないかと考え始めるのです。

そのように迷っている生徒に対して、私たちは「今すぐに進学しなくてもいい」という助言をしています。4年間という長い時間とお金を投資して大学に進むことだけが、選択肢ではないのです。私自身も迷いに迷ってここまで来ましたが、自分探しをするなら若いうちに、早いに越したことはないでしょう。大いに悩み、迷いながら、いろいろな可能性を試してほしいと思っています。

私たちは、学校の実績として大学進学率を示すことより、卒業生たちが実際に社会に出てどんな人になっていくのかということが問われていると感じています。あえてギャップイヤーを取ったり、起業などで新しい分野を自ら切り拓いていこうとしたりする生徒たちがいるのは、良い傾向だと思っています。単に一流大学に行く生徒を数多く輩出する進学校になるなら、私たちの学校でなくてもいいのです。私たちに出資していただいているファウンダーやサポーターの方々も、それは望んでいないはずです。

次の10年、20年を見据え、もっと冒険ができないか、私たちにしかできない、よりエッジのきいたことができないかと、私も常々考えています。生徒たちの声、時代の指し示す方向、学校のミッションとも照らし合わせながら、ＵＷＣ ＩＳＡＫに求められている教育は何かを追求しています。既存路線を踏襲するだけの教育には、ますます未来が望みにくくなっています。時代が求める新しい教育を目指して挑戦し続けるのが、私たちの使命だと思っています。

ケーススタディ

松本恭攝

Matsumoto Yasukane

ラクスル株式会社 代表取締役

1984年富山生まれ。慶應義塾大学卒業後、A・T・カーニーに就職。2009年ラクスル株式会社創業、19年東証一部上場。18年Forbes JAPAN誌の起業家ランキング1位獲得、世界経済フォーラムヤンググローバルリーダーズ選出。

社会変革への情熱を持ち続ける「3つの力」の申し子

問いを立て、多様性を生かし、困難に挑む、チェンジメーカーにとって不可欠なその3つの力を併せ持った申し子のような人物というと、社交的な優等生タイプを思い浮かべるでしょうか。しかし、実際はもっと破天荒で面白い実践者もいます。もともとネット印刷で知られるラクスルを創業した代表取締役社長CEOの松本恭攝さんも、その一人です。

松本さんはForbes JAPAN誌の「日本の起業家ランキング2018」で1位に輝き、3年連続でベスト10に選出されています。今や若手起業家の代表格で、私も一緒にアジア・パシフィック・イニシアティブの理事も務めていますが、初めてお会いしたのは2015年のことでした。経済界や政界、官僚、NPO、文化人などから気鋭の若手が集まり、日本の未来を語り合った次世代リーダーサミットの場です。

サミットの会場では大人数であまり話せなかったのですが、改めてお会いできないかと連絡をすると、「来週末、ちょうど軽井沢でカンファレンスがあるので、新幹線の中で会いましょう」というお返事がありました。新幹線で隣の席に座った松本さんは、軽井沢までの約1時間、まさにマシンガントークでいろいろなお話をしてくれました。その頭の回転の速さ、そして社会変革にかけるマグマのような情熱に、圧倒されたのを覚えています。

2018年にマザーズに上場したラクスル。最初は、小さな印刷所が連立する印刷業界の非効率性に着目したことから始まりました。松本さんはこれをインターネットとテクノロジーの力を使って改善することで、ユーザーには廉価なサービスを、印刷所にはこれまでになかったビジネスチャンスを提供することができると思い立ったのです。もともと新卒でコンサルティングファームに勤めていた松本さんが、そのクライアント企業の中で最も効率改善ができそうな分野が印刷コストだったことに着目して起業したのは、有名な話だと思います。

松本さんのすごいところは、その創業当初からの「仕組みを変えれば世界はもっと良くなる」というビジョンを本当に心から信じ、決して立ち止まることもなく、このビジョンの遂行を自らに社会的使命として課しているところです。実際にラクスルは、印刷業でのプラットフォームが一定の規模に達したところで、広告業や運送業の非効率性にも斬り込むサービスを展開し始めています。

そんな松本さんも、2009年に起業した頃は自分ですべて細かくチェックしないと気が済まないマイクロマネジメントで、感情の起伏も激しく、ついていく社員は大変だったといいます。2013年から翌年にかけて、チームがほぼ壊滅状態に陥ったこともあったのだとか。そうなると、もうそのまま終わってしまうスタートアップは多いのですが、松本さんは違っていました。そこで、「一人で仕切っていてはダメだ」と気づいたのです。「自分より優秀な人に来てもらって、チーム経営にしないといけない」と、それをきちんと実行に移すことができたのもさすがです。

「自分より優秀な人」を認めるというのは、ダメな自分を直視することになり、なかなか難しいところがあります。しかし、そうした小さなエゴにとらわれず、大きな目標を見失わずにいられることが、事業を成功に導く起業家の資質なのかもしれません。ラクスルは今、多彩な異能人材の集まるチームがリーダーシップをとる形で経営されています。そうした多様性を生かす力もまた、次なる成長を支えているようです。

情報サービス会社のCSKを創業した故・大川功さんは投資家でもありますが、「新しい産業には、必ずその予兆がある。その予兆を逃さずに捉え、これを命がけで事業化しようとする人に対し、天は時流という恩恵を与え、そして天命という社会的責任を負わせるのだ」と語っています。松本さんには、ビジネス界の変革だけに留まらない、この「天命」としての可能性を感じるのです。

エピローグ

動けば何かが見えてくる

すべては「はじめの一歩」から始まる

『幸福論』などで知られるフランスの哲学者、アラン（エミール＝オーギュスト・シャルティエ）の言葉に「悲観主義は気分に属し、楽観主義は意志に属する」というものがあります。どうもここは自分のいるべき場所ではないと思ったり、不満を溜め込んだり、自分の置かれた環境や周りの人を批判したりするネガティブな考えは、その多くが「気分」の問題です。しかし、ポジティブな世界を切り拓いていくには、自らがその問題となっている要因に立ち向かい、状況を変えていこうとする「意志」の力が必要になります。

一人ひとりの気づきは、その人が自ら一歩を踏み出すことで初めて動き始めます。

どんなに小さな一歩も、そこからすべてが始まるのです。その情熱と使命感を持って、自ら行動を起こす人が増えていくほどに、社会はより良くなっていくのではないでしょうか。ＵＷＣ ＩＳＡＫも、可能性に満ちた生徒たちにそんな気づきを与える場を大切にしながら、世界をポジティブなものに変えていくチェンジメーカーを増やすきっかけになっていければと思っています。

私自身も学校が少しずつではありますが軌道に乗ってきた今、また新たな挑戦を始めているところです。

もちろん、引き続き学校をより良くしていくことには全力を注ぎますし、財政基盤を盤石にしていくという課題も残っていますが、校長をはじめ頼もしい仲間たちの尽力もあり、理事会の長でしかない私には少し時間の余裕も出てきました。そこで政府や自治体の委員会メンバー就任のご依頼なども数多くいただくのですが、受動的な姿勢でいるとそれだけで時間が過ぎ去ってしまいます。それでいいのだろうかという思いもあり、２０１７年にはイエール大学のワールド・フェロープログラムに半年間参加しました。

機会をいただいたその半年間、私はこれからどのような人生にしたいのかを自問自答しました。まずは、「私が本当に得意なことはなんだろう」「何が一番の強みなのだろう」という、自分に対する内向きの問いです。そこで直近の数年間の活動を改めて振り返ってみると、どんなに混沌とした状態でも、むしろそこからスピード感を持って無から有を生み出すことに、ワクワクしている自分に気づきました。

歩み続けることで見えてくるもの

次に、外向きの問いです。これからも教育の道を進み続けることは大前提でしたが、「私たちの学校は何を期待されているのだろう」ということを、突き詰めて考えました。そこで最終的に思い至ったのは、私たちの学校に入学している生徒たちだけではなく、その他の子どもたちにも、ここから良いインパクトを広げていくことが期待されているのではないか、ということでした。

両方の問いの答えを組み合わせると何ができるのか。そこから生まれたアイデアが、UWC ISAKで教育界のアントレプレナーを応援するという新規事業です。本校だけに留まらない、より広範に影響を与えるインパクトを、政策提言や政府の委員会という形ではなく、現場でゼロからイチをつくるアントレプレナーたちの支援を通じて実現していく取り組みです。

何か新しいことに取り組もうとするとき、すでに海外では何十年も前からその課題の解が模索されていたりします。そこで、世界にはどんな事例があるのかを紹介し、実際にその場所が見学できるように私たちがアレンジしたり、その知見を持つ人にメンターになってもらったりすれば、その試行錯誤のステップや手間を省くことができるわけです。

教育の世界なので、文部科学省や自治体のみなさんをはじめとした制度を作っている方々との連携も欠かせません。ここでも私たちが長年お世話になってきた行政のみなさんとの絆が役に立ったりします。公的セクターと民間セクターの人材を組み合わせてチームを構成したりすることで新しい視野が生まれたりもします。

将来的には、ここで活躍する人たちが次世代の教育起業家として注目されるようにメディアのみなさんとも是非おつなぎさせていただきたいと思っていますし、それによって、もっと優秀で志のある方が教育の世界に入ってきてくだされば好循環が生まれるのではないかとワクワクしています。この活動は、これから5年から10年くらいは取り組んでいきたいものです。

UWC ISAKは、私にとって「使命」を感じるものでしたが、開校を実現し、それがある程度軌道に乗った今も、ここがゴールだとはなかなか思えません。一つの目標に到達すると、その先にはまた新たな目標が見えてきます。一歩一歩踏みしめながら、少しずつ成長し続ける人生でありたいと願っています。

この本は、そんな風に自分らしい人生を歩むことの楽しさと、時には葛藤と、そして醍醐味を、少しでもお伝えできたらという思いでつづってきました。私たちの学校では、今日も高校生たちが、それぞれの方法で「はじめの一歩」を踏み出しています。あるいは、踏み出そうとして悩んだり、もがいたりしています。彼らを見ていて感じるのは、こうした行為は、とても自然なことであり、そうした過程の中で、彼らは確実に自分らしい人生への道を切り拓きつつあるということです。

これからも時折、つまずいたり、立ち止まったり、また歩き始めたり。そういうことを繰り返しながら、一人ひとりがそれぞれの「問い」と向き合い、世界を舞台に実現していってくれるのだろうと、私たちは信じています。

彼らのエピソードを通じて、この本を手にとってくださったみなさんにも、ご自身の夢に向かって動きはじめてみようという勇気、あるいはヒントを、お届けできたのであれば嬉しいです。

おわりに

この本では、不確実で変化の早い時代に生きる私たちが、戸惑い悩みながらも「はじめの一歩」を踏み出すために必要な、勇気と具体的な方法論をみなさんと少しでも共有できたらという気持ちで書いてきました。読み終わったみなさんが身近なところからでいいので、今までためらってきたことを実行に移すきっかけに、本書がなれたのであればこんなにうれしいことはありません。

この本もようやく仕上げに入ろうとしていたとき、新型コロナウイルスが日本を襲いました。当初、東アジアの一部の国だけがこの感染症に苦しむかのように思われましたが、ウイルスは遠くイタリアやイランへも飛び火し、瞬く間に欧州や北米をはじめ世界中を混乱の渦にのみ込んでいきました。国境は閉ざされ、人や物の移動が止まり、人々の健康のみならず世界経済への影響も計り知れません。そしてこの事態が収束したときに、どんな世界が待っているのか。現時点ではまだ誰もが固唾をのんで見守っている状況です。

この出来事は、私たちに2つのことを教えてくれていると思います。

一つは、本書の中でも書いたように、困難に直面したときこそ前向きに物事を捉えて前へ進んでゆく力が、いかに大切かということです。ウィンストン・チャーチル元英首相の言葉に、"The pessimist sees the difficulty in every opportunity, the optimist sees the opportunity in every difficulty（悲観主義者は、どんなチャンスの中にも困難を見出す。楽観主義者は、どんな困難の中にもチャンスを見出す）"というものがあります。

私たちの学校でも、コロナウイルスによる影響は甚大です。最終的に生徒を急遽帰国させ、遠隔授業に切り替えることになりました。生徒たちからすれば、5月末の卒業式まで全員一緒だったはずなのに、予想以上に別れが早まってしまい、空港に向けたバスが出発するたびに抱き合いながら涙する彼らの姿があちこちで見られました。しかし、そんな中においても、人の前向きさというのは強く美しいものです。バスが出る前夜には自分たちで送別会を企画し、その夜の一体感といったら、これまで見たことのないようなものでした……。

学校経営側としても、どれだけの生徒が夏休み後に戻ってくるか分からない中、来年度の予算を固めなくてはなりませんが、これを機に、どこまで lean operation を追求できるか（教育の質を落とさずにどこまで支出をスリム化できるか）に挑戦してみよう！と、教職員たちと話しています。

どんな難局においても、その中から学べること、得られることに気づき、それに感謝しながら、歩みを進めていくことが今ほど大切な時代はないかもしれません。

もう一つは、本書のテーマである「実行力」を、ますます発揮しやすい時代になってきたということです。今回、外出や人との接触が厳しく制限される中で、日本でもテレワークが推奨されて普及し始め、世界ではリモートラーニング（遠隔授業）が主要大学なども含めて数えきれないほどの教育機関で実践され始めています。自分の好きな時間に働いたり学んだりしやすくなり、兼業やリカレント教育（社会人の学び直し）などもますます一般的になるのではないでしょうか。

経済的には、旅行産業、外食産業、航空産業などを中心に大きな打撃を受けると言われています。サプライチェーンも一部で止まってしまっているため、これまで安泰だと思われていたような大企業も、破綻の危機に直面するかもしれません。裏を返せば、相対的には「はじめの一歩」を踏み出すハードルが下がっているとも言えそうです。今の場所にそのまま留まっていることのリスクも、一部の人にとっては大きくなってきているからです。あるいは、強制的に休暇を取らなくてはいけない業界も出てきていますので、そういうときこそ、何か新しいことにチャレンジしてみてもいいかもしれません。

ますます激動の社会になっていく時代。しかも、人生が長くなっていく時代に、「実行力」があれば、葛藤や苦労はあっても、いつか自分らしい生き方にたどり着ける可能性が高まると思います。

最後になりましたが、学校にとっても、世の中にとっても、このような大切な節目に差しかかるタイミングで、本書のお話をくださった編集者の日経BP日本経済新聞出版本部の雨宮百子さん、友安啓子さん。私の取り留めのない話のエッセンスをうまく取り出してくださった、ライターの渡部典子さんに、心から感謝を申し上げます。また、原稿をもとに、パンチのきいた連載にしてくださった日本経済新聞社の佐藤浩章さん、書籍化において多大なるご助力を賜った、日経BPの戸田顕司さん、ライターの中西未紀さんにも、重ねて御礼を申し上げます。

そして当然ですが、私が今こうしてここにいるのは、学校プロジェクトを私に授けてくれた谷家衛さんのおかげであり、何もない頃からずっと信じて支えてくださったファウンダーのみなさまのおかげであり、今そのミッションを受け継ぎ現場で動いてくれている校長や教職員のおかげに他なりません。特に今回、この書籍を私と二人三脚で仕上げてくれた広報担当の渡辺麻美さん、本当にありがとうございました。

　私の人生も、UWC ISAKも、ここまで決して順風満帆ではありませんでした し、これからも数えきれないほどの苦難が待ち受けているのだろうと思います。しかし、今まで支えてくださった方々のお気持ちに恥じぬよう、そして何より、一生に一度の大切な高校時代を私たちに託してくれている生徒たちの信頼に応えられるよう、進化の歩みを止めず、失敗を恐れずに、前を向いて進んでいきたいと思っています。

小林りん
Lin Kobayashi

学校法人ユナイテッド・ワールド・カレッジＩＳＡＫジャパン代表理事。経団連から全額奨学金をうけて、カナダの全寮制高校に留学中、メキシコで圧倒的な貧困を目の当たりにする。その原体験から、大学では開発経済を学び、国連児童基金（ユニセフ）のプログラムオフィサーとしてフィリピンに駐在。ストリートチルドレンの非公式教育に携わるうち、リーダーシップ教育の必要性を痛感する。帰国後、６年の準備期間を経て、２０１４年に軽井沢で全寮制国際高校を開校。17年にユナイテッド・ワールド・カレッジ（ＵＷＣ）へ加盟し、現在の校名となる。東京大学経済学部卒、スタンフォード大学教育学修士。15年、日経ウーマン「ウーマン・オブ・ザ・イヤー大賞」。17年、イエール大学グリーンバーグ・ワールド・フェロー。19年Ernst & Young「アントレプレナー・オブ・ザ・イヤージャパン 大賞」など受賞多数。

世界に通じる「実行力」の育てかた

はじめの一歩を踏み出そう

２０２０年　６月24日　１版１刷

著者　小林りん

発行者　白石　賢

発行　日経ＢＰ
日本経済新聞出版本部

発売　日経ＢＰマーケティング
〒１０５－８３０８　東京都港区虎ノ門４－３－12

装幀　新井大輔　中島里夏（装幀新井）

ＤＴＰ　マーリンクレイン

印刷・製本　シナノ印刷

https://nkbp.jp/booksQA　Printed in Japan

ISBN978-4-532-32318-9